हवाओं का आँचल

(काव्य संग्रह)

संकलन :

राज ऋषि शर्मा / कल्पना गुप्ता 'रतन'

सौजन्य: महकती वाटिका

(नव साहित्य सृजन)

राजर्षि प्रकाशन

नागवनी रोड, जम्मू।

First Edition, 2022

मूल्य रुपए : 240

हवाओं का आँचल

(काव्य संग्रह)

संपादक

राज ऋषि शर्मा

संपादक

कल्पना गुप्ता / रतन

प्रकाशन संस्था

राजर्षि प्रकाशन, जम्मू

कवि/लेखक

*1.अंशिता दुबे
*2.अमित छावड़ा 'मीत'
*3.अनु अत्रि 'याद'
*4.बलकार सिंह 'संदेश'
*5.डॉक्टर सुशील कुमार 'भोला'
*6.आ० सीमा शर्मा
*7.कल्पना गुप्ता 'रतन'
*8.कुसुम शर्मा 'अंतरा'
*9.कोमल रानू
*10.नीलू थापा
*11.नीलम वर्मा
*12.नीलम कुमारी
*13.एम एस कामरा
*14.राज ऋषि शर्मा
*15.रचना विनोद
*16.रामपाल डोगरा 'पाली'
*17.रामकेश 'वर्मा'
*18.सुमीत सूदन
*19.शम्भू राम 'प्यासा'
*20.रश्मि गुप्ता
*21.सुनीता
*22.स्वर्ण कोतवाल
*23.सुब्रत दे
*24.उमा वाली
*25.उदय राज वर्मा 'उदय'
*26 वरुण 'वीर'
*27 विश्वनाथ सिंह तोमर
*28 यशपाल 'यश'

संपादकीय

प्रिय पाठकों ! आज आपके सम्मुख 'हवाओं का आँचल' नामक काव्य संग्रह को प्रस्तुत करते हुए मुझे बहुत ही प्रसन्नता का आभास हो रहा है। यह भी मेरा एक सपना था कि मैं नए उभरते हुए कवि / लेखकों के प्रोत्साहन हेतु कुछ कर सकूं। इसके लिए मैंने 'हवाओं का आँचल' नामक काव्य संग्रह को प्रकाशित करने की योजना बनाई। इस विषय में जब मैंने कल्पना गुप्ता / रतन जी से बात की तो उन्होंने भी इसमें अपना पूर्ण सहयोग देने की बात कही। तदोपरांत हमने 'महकती वाटिका' नाम के व्हाट्सएप ग्रुप की स्थापना की, जिसके अंतर्गत नव रचनाकारों को प्रोत्साहन हेतु ही हमने 'महकती वाटिका' नाम से ई-पत्रिका के पांच अंक भी प्रकाशित किये। जिसमें हर विधा की रचनाओं का संयोजन किया तथा रचनाकारों से वादा भी किया गया कि शीघ्र ही उनकी श्रेष्ठ चयनित रचनाओं को पेपरबैक संस्करण के रूप में भी प्रकाशित किया जाएगा।

इसके पश्चात 'हवाओं का आँचल' काव्य संग्रह के प्रकाशन के समय हमने इसमें नवोदित कवी/कवित्रियों के साथ साथ ही प्रसिद्ध स्थापित रचनाकारों की रचनाओं को भी संग्रह में सम्मिलित करने का निर्णय लिया, जिससे कि नवोदित रचनाकारों को प्रोत्साहन के साथ साथ ही गर्व की भी अनुमति हो कि उनकी रचनाएं नामचीन कवियों के साथ प्रकाशित हुई हैं। अपने इस प्रयास में हम कहाँ तक सफल हुए हैं इसका निर्णय आप पर ही छोड़ते हैं।

–राज ऋषि शर्मा

अंशिता दुबे

मैं कविता हूँ

आँखों में उतरती
लफ़्ज़ों में तैरती
कहानी नहीं
अब हकीकत सी लगती
हां मैं कविता हूँ !

शब्दों को छूकर
रूह को टटोलती
सुकून पाकर
मन की सहेली
हां मैं कविता हूँ !

मौन कल्पनाओं का स्वर
शब्दों का संयोजन
किरदारों का आकाश
तर्कों पर वार
हां मैं कविता हूँ !

व्यथाओं का उमड़ता सागर
मानवता का आईना
सभी मौसम के रंग समेटे
जीव निर्जीव की जुबानी
हां मैं कविता हूँ!

बेताब कलम की ख़्वाहिश
स्याह सी स्याही में घुलकर
पन्नों पर जीवंत हो जाती
अलंकृत करती संस्कृति
हां मैं कविता हूँ!

-अंशिता दुबे, लंदन

सिद्धांतों पर आचरण करना आवश्यक है

यदि हम संसार के महानुभावों के जीवन का भली भांति विश्लेषण करें तो हमें ज्ञात होगा कि उनमें से प्रत्येक के ही जीवन में यह पांच सिद्धांत किसी न किसी रूप में भली भांति विद्यमान हैं। इसमें मानो किसी भी महापुरुष के व्यक्तित्व का निचोड़ आ जाता है। महाप्रभु कौटिल्य ने ठीक ही कहा है "तू सूर्य और चन्द को अपने पास नहीं उतार सका, इसका कारण उनकी दूरी नहीं तेरी दूरी की भावना है। तू संसार को बदल नहीं पाया इसका कारण संसार की अपरिवर्तनशीलता नहीं तेरे प्रयासों की शिथिलता है। जब तू यह कहता है कि मैं अपने में परिवर्तन नहीं कर सकता तो इसे स्थिति और विधाता कहकर न टालो वरन साफ-साफ अपनी कायरता और अकर्मण्यता कहो, क्योंकि इच्छा की प्रबलता ही कार्य की सिद्धि है।"

-अखंड ज्योति

मेरी कलम का सवाल

तुम क्यों पिरोती हो वर्णमाला,
शब्दों का ताना-बाना बुनकर,
स्याही से मुझे हर पल रंगती हो,
नींदों में भी जागकर,
मुझमें ही उलझी रहती हो
मिलता क्या तुम्हें,
जो वक्त इतना मुझे देती हो तुम,
कभी मां सरस्वती को अर्पित कर,
मुझे मन ही मन पूजती हो तुम,
कभी कबीर, मीरा, रसखान,
कभी गुलजार, कभी अमृता प्रीतम,
अतीत से आधुनिक पन्नों में मुझे ढूंढती हो तुम,
संजोकर सजाती हो मुझे अपने पास,
न मैं जीव हूँ , न रिश्तों की डोर,
न कोई देश मेरा, न कोई धर्म मेरा,
न परिचय ,न अस्तित्व,
फिर भी मुश्किलों का हल पूछती हो तुम ?
क्यों तन्हाई में खुद को मुझसे साझा कर,
पलकें भीगी कर लेती हो तुम ?
मेरे नेत्रहीन पन्नों पर भी,
मौन संवेदनाओं से कैसे बोल देती हो तुम ?
आलोचना चुपचाप सहकर
फिर भी,
कैसे मुझे दिल से थामे रहती हो तुम ?

-अंशिता दुबे, लंदन

नारी : तू स्वच्छंद चातक है

साहस का अपना परिचय दो,
मन करो न इतना छोटा।

मत कहो स्वयं को तुम अबला,
तुम सबला हो,सक्षम समर्थ हो,
करुणा ममता सब अर्थहीन,
तुम ही देती इन्हें अर्थ हो।

जब धैर्य तुम ही से है जीवित,
क्यों करती हो फ़िर मन छोटा?

क्या तुमने निज को जाना है?
क्षमता को अपनी पहचाना है ?
तुम मही को स्वर्ग बना सकती हो,
यह क्षमता तुम्हें दिखाना है।

तुम हो पारस मूल्यवान,
मत समझो खुद को सिक्का खोटा।

तुम न केवल संतोषी,
मां की प्रतिमा संतोष मयी,
तुम दुर्गा चंडी काली भी,
तुम दुष्ट विनाशिनी कालजयी।

महाशक्ति परमाणु कणों में व्याप्त,
मत समझो खुद को छोटा।

चुप्पी की भी सीमा होती है,
आगे भी सहना घातक है,
आत्मा को कैद करना कम नहीं,
उड़ गगन में तू स्वच्छंद चातक है।

होने दो अंतर्भाव मुखर,
गूंगेपन का तजो मुखौटा।

-अंशिता दुबे, लंदन

आप जो नहीं हैं, वह सिद्ध करना चाहते हैं, इससे असहजता पैदा होती है,
जो आपके दुख का मुख्य कारण है।
अहंकार छोड़, स्वीकार किजिये किआप जैसे हैं, अच्छे या बुरे उस
परमात्मा के बनाए हुए हैं।
इसपर अकारण पर्दा डाल छिपाएं मत।
भीतर आप जो हैं, वैसा ही अपने को उघाड़ दीजिये।
भय छोड़िए, भय क्या है?
लोग सम्मान नहीं करेंगे तो न करें, क्या खो जायेगा ?
इसके विपरीत सच्चाई में अपूर्व आनन्द है।

अमित छाबड़ा 'मीत'

एक दूजे के पास

जैसे जैसे आते गए एक दूजे के पास हम।
वैसे वैसे लिखते रहे दिल के अहसास हम।।
कभी वो रूठ जाते और हम उन्हें मनाते।
बस ऐसे ही मिलाते रहे श्वास से श्वास हम।।
सात फेरों के बंधन से शुरु इस सफर में।
कब हो गए एक दूसरे के लिए खास हम।।
समझ गए आपसी प्रेम को धीरे धीरे।
कर गए एक दूसरे के दिल में निवास हम।।
कभी शक की संभावना कभी अविश्वास।
करते गए एक दूजे पे प्रगाढ़ विश्वास हम।।
रह रह कर हमे याद आए चले जाने वाले।
देखो हो गए थे जुदा संज्ञा से समास हम।।
रह ना पाते है अब उनके बगैर देखो कैसे।
तस्वीरें देख हो जाते अक्सर उदास हम।।
तहां बैठे बैठे लिखते रहते कहानी पुरानी।
तेरे साथ के किस्से सुनाते प्रतिमास हम।।
है बावरा मन देखो इस पागल "मीत" का।
कहे बन गए है तेरे दास से सूरदास हम।।

-अमित छाबड़ा 'मीत', बठिंडा (पंजाब)

प्यार की परिभाषा

हो सकता है मैं कभी प्रेम ना जता पाऊं तुमसे।
समझ जाना तुम, मैं जब कह ना पाऊं तुमसे।।1

तेरे उदास,परेशां होने पे मैं भी परेशान हो जाऊं।
प्यार है कितना दिल में, ना बता पाऊं तुमसे।।2

सब्जी मंडी में जब भी कभी सब्जी लेने जाऊं।
तुझे पसंद हो जो, ला के ना दिखा पाऊं तुमसे।।3

नाराज हो कर भी, जब हाथ रखूं तेरे हाथों पर।
तुम महत्वपूर्ण हो, ये शब्द न सुना पाऊं तुमसे।।4

आँख भर जब बैठ जाऊं दूर जब कभी तुमसे।
मना लेना मुझे ,बोल के ना समझा पाऊं तुमसे।।5

तुम बीमार हो कभी, खाना बेस्वाद जो बनाऊं।
समझ जाना तुम,प्यार न जतला पाऊं तुमसे।।6

तेरे रूठने पर, तेरे लिए कोई गजल लिख दूं।
मान जाना, 'मीत' सा न जो कहा पाऊं तुमसे।।7

-अमित छाबड़ा 'मीत', बठिंडा (पंजाब)

थोड़ी नादानी भी जरूरी है

थोड़ी नादानी भी जरूरी है।
जिन्दगी में कुछ शैतानी भी जरूरी है।।1
आखिरी पड़ाव में बता सके।
कुछ ऐसे किस्से कहानी भी जरूरी है।।2
तन्हा बैठे ले आए मुस्कुराहट।
कुछ पल–ए–जिंदगानी भी जरूरी है।।3
गंभीर होते ही रहते है हमेशा।
हरकतें हम में बचकानी भी जरूरी है।।4
याद नहीं रहते वो चेहरे सदा।
उदासी मुख से हटानी भी जरूरी है।।5
माना भाग्य खुदा लिखता है।
किस्मत खुद लिखवानी भी जरूरी है।।6
मुस्कुराहट करे राज दिल पे।
ये बात खुद को बताना भी जरूरी है।।7
गिले शिकवे होने नहीं देती।
लबों पर मुस्कान लानी भी जरूरी है।।8
हँसते गाते रहा करो दोस्तों।
कभी महफिल सजानी भी जरूरी है।।9
कड़वी यादें दिल में न रख।
नफ़रत दिल से भुलानी भी जरूरी है।।10
दिल की हमेशा जवां रखो।
कभी कभी धूम मचानी भी जरूरी है।।11
शराफत कमरे में छोड़ कर।

शरारत की सूझ आनी भी जरूरी है।।12
सौ टके की बात है 'मीत'।
ज़िंदगी खुशी से बितानी भी जरूरी है।।13

–अमित छाबड़ा 'मीत', बठिंडा (पंजाब)

जिन लोगों ने राजनेताओं और धर्मगुरुओं के हाथों में मे बड़ी बड़ी पुस्तकें देकर उनकी तस्वीरें खिंचवायीं और प्रचारित की हैं, वो कल्पना भी नहीं कर सकते कि उन्होंने मेरे कार्य को कितना नुक्सान पहुंचाया है और अपनी चेतना को कितना कचरा बना लिया है।

राजनेता और पण्डे-पुरोहित मानवजाती के सबसे बड़े शत्रु हैं, यह संगठित धर्मों के लोगों से वोट लेकर मनुष्य को पशुता से भी पीछे ले जा रहे हैं।

–आचार्य ओशो

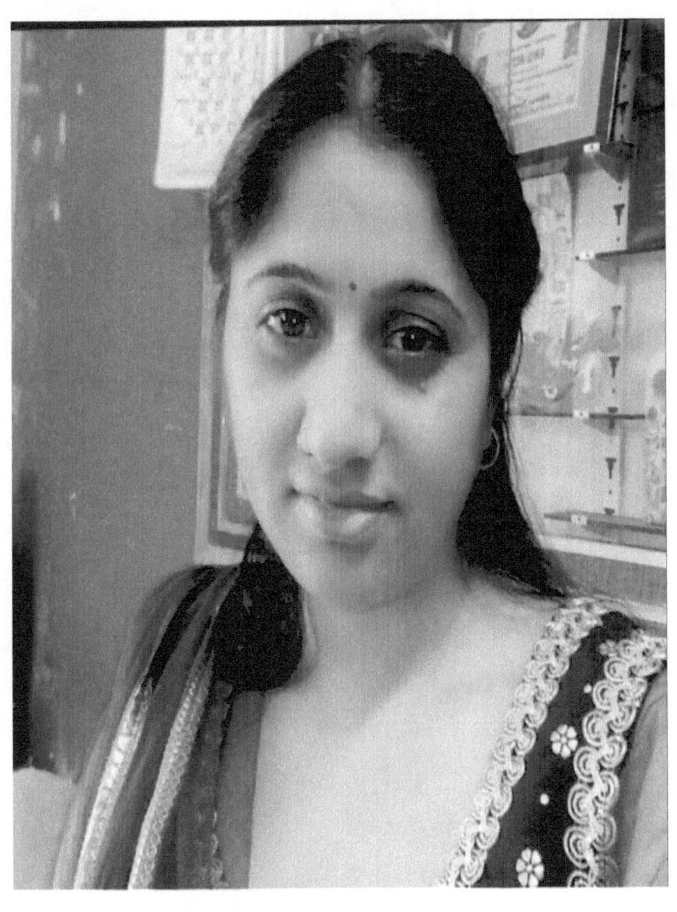

अनु अत्री 'याद'

फीकी सी चाय

हर सुब्ह
चाय का कप
और अपने कमरे में बैठकर
तुम्हारा इन्तिज़ार.....
यह चाय
जो तुम बिन पीने की आदत नहीं
तुम्हारे बग़ैर कभी पी भी लूँ
तो बहुत फीकी सी लगती है
तुम्हारी बातों की मिठास जो नहीं होती
इसमें।
यह चाय
जो फीकी होती गयी धीरे धीरे
न जाने कितने ही कप
तुम्हारे इन्तिज़ार में ठँडे होते रहे
मेरी मेज़, जिसपर बैठकर मैं
निहारती रहती थी तुम्हें
और तुम कुर्सी पर बैठकर
पहरों मुझसे बातें किया करते थे
अब वो मेज़, वो कुर्सी, वो कमरा
और वो चाय का कप
सब सूना सा पड़ा रहता है
तुम्हारे इन्तिज़ार में
कि तुम आओगे इक न इक दिन

और इस फीकी सी चाय में
अपनी बातों की मिठास
घोल दोगे।

—अनु अत्री 'याद' उधमपुर, जम्मू (जम्मू कश्मीर)

आज झूठ बोलने, मनोभावों को छिपाने और पेट में कुछ रखकर मुंह से कुछ कहने की प्रथा खूब प्रचलित है। कोई व्यक्ति मुख से धर्म चर्चा करते हैं, पर उनके पेट में पाप और स्वार्थ बरतता है। यह पेट में बरतने वाली स्थिति ही मुख्य है। उसी के अनुसार जीवन की गति संचालित होती है। एक मनुष्य के मन में विश्वास जमा होता है कि 'पैसे की अधिकता ही जीवन की सफलता है।' वह धन जमा करने के लिए दिन-रात जुटा रहता है।

जिसके हृदय में यह धारणा है कि 'इंद्रिय भोगों का सुख ही प्रधान है', वह भोगों के लिए बाप-दादों की जायदाद फूंक देता है।* जिसका विश्वास है कि 'ईश्वर प्राप्ति सर्वोत्तम लाभ है,' वह और भोगों को तिलांजलि देकर संत का सा जीवन बिताता है। जिसे देशभक्ति की उत्कृष्टता पर विश्वास है, वह अपने प्राणों की भी बलि देश के लिए देते हुए प्रसन्नता अनुभव करता है।

जिसके हृदय में जो विश्वास जमा बैठा है, वह उसी के अनुसार सोचता है, कल्पना करता है और इस कार्य के लिए जो कठिनाइयां आ पड़ें उन्हें भी सहन करता है। "दिखावटी बातों से," "बकवास से," "बाह्य विचारों से नहीं", वरन भीतरी विश्वास-बीजों से जीवन दिशा का निर्माण होता है।

—पं.श्रीराम शर्मा आचार्य

झूठ के अंधेरे

गिरा दो परदे खिड़कियों के सब
यह उजाले अब
मुझे अच्छे नहीं लगते
चुभती है धूप आँखों में
जैसे सच के कांटे चुभते हैं दिल में
यह अंधेरा कितना अच्छा है
जिसमें कुछ भी साफ नहीं दिखता
ठीक उसी तरह जैसे
सब कुछ जान कर भी हम
किसी सच का सामना नहीं कर पाते
और रहते हैं एक झूठी दुनिया में
दफ़ा करो इस सच को
मुझे मेरे झूठ के साथ
जीना अच्छा लगता है
मत उठाना परदा इस सच से कभी
क्योंकि अब यह झूठ के अंधेरे
मुझे अच्छे लगते हैं ।

-अनु अत्री 'याद' उधमपुर, जम्मू (जम्मू कश्मीर)

बूढ़े शजर

बूढ़े शजर
सूख कर ढह जाते है जब
फर्क़ पड़ता नहीं है उन्हें
बहारों के आने से
उगते नहीं हैं फिर से
फूल पत्ते उन पर
धूप छाँव, आँधी तूफ़ान
वक़्त के थपेड़े
और
खट्टे-मीठे तज्रिबों से भिड़ंत
खोखला कर देते हैं उन्हें।

-अनु अत्री 'याद' उधमपुर, जम्मू (जम्मू कश्मीर)

अपनी आलोचना को धैर्य से सुनें....यह हमारी ज़िंदगी का, मैल हटाने में साबुन का काम करती है।

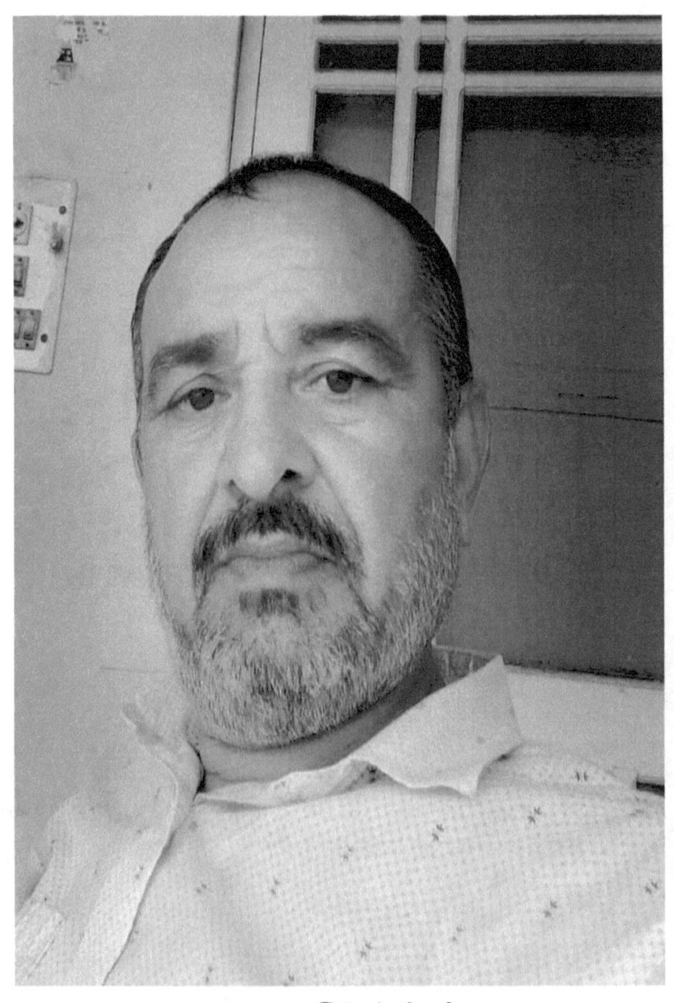

बलकार सिंह 'संदेश'

प्यासा कौवा या मैं.......

एक प्यासा कौवा था
जंगल जंगल
ढूंढ रहा था जल
ये कहानी प्यारी लगती थी
अब कौवे की जगह
शायद मेरी बारी थी
तालाबों को बर्बाद करके
जलस्तर घटाया था
जानवर,पक्षियों पर
मैंने ही जुल्म ढाया था
बोतल में जल लेकर
मैं घूम रहा था
इसी बात पर कौवा
मुस्कुरा रहा था
मैंने जंगल जंगल घुमकर
जल से प्यास बुझाई थी
मटके में डालकर कंक्कड
एक आस जगाई थी
तुम कैसे आस जगाओगे
जल तक कैसे पहुंच पाओगे
मैंने भी मटका तुम्हारा ढूंढा था
पी कर जल तब तृप्त हुआ था
अब तुम पर क्या उम्मीद करु

जीवन की डोर कहाँ धरु
जल ही जीवन है
इस सत्य को किस से कहूं |

-बलकार सिंह 'संदेश' बडोडी,साम्बा (जम्मू एंड कश्मीर)

सुविचार

"पुष्प वाटिका में भी गोबर का कीड़ा अपनी रुचि के अनुरूप गंदगी ही तलाश करता है और उसी में लिपटा रहता है। मधुमक्खी फूलों को ढूंढती है और पराग चूसकर शहद जमा करती है। ओछी प्रकृति के मनुष्य संसार की गंदगी को ही देखते-सोचते हैं और उसी में उलझे रहते हैं, पर अच्छे लोग श्रेष्ठ देखते, श्रेष्ठता सोचते और श्रेष्ठ में ही निमग्न रहते हैं।"

-विचार क्रान्ति अभियान।

एक सफाई कर्मचारी

रोज कहते हो
सफाई सफाई सफाई
क्या आपने कभी गंदगी भी उठाई
जोर से बोला था
एक सफाई कर्मचारी
गंदगी उठाते उठाते
हो गया था भारी
यहाँ मन करता है
फैंक देते हो
मेरी मेहनत को
क्या नाम देते हो
तुम्हारी खुशियों का
कूड़ा मेरी झोली में
आपने तो सजा ली
महफिलें अपनी खोली में
मुझे भी याद
तुम कर लेते
महफिले शान में
मुझे भी रख लेते
एक प्यार भरा
संदेश भेज देते
यह जो पड़ा है कूड़ा
हम भी समेट लेते

हम भी सफाई
अरमान से करते
p.m ने उठाया जाड़ू
हम भी शान से उठाते
स्वच्छता को अगर
तुमने जगाना था
घर पर एक
कूड़ेदान तो लगाना था ।

–बलकार सिंह 'संदेश' बडोडी, साम्बा (जम्मू एंड कश्मीर)

सिर्फ 'संदेश'
(अकड़ कर चला करो)

तालाबों ने मुझ से कहा
प्यासे को पानी
जल को रोक रोक कर देते हो
हमें बनाने में हमेशा लगे रहते हो
कुछ तो अकड़ कर चला करो
ये कार्य करना सबकी बात नही
मैंने धीरे से उस से कहा
मेरे पूर्वजों ने तुम्हें बनाया था
मेरे हिस्से में सिर्फ
ठीक करना आया है
इसलिए अकड़ कैसे दिखाऊं
प्यासे को कैसे पानी पिलाऊं
ये ही सोच में डूबा रहता हूँ
बहते हुए जल से कहता हूँ
हमने घर तुम्हारा बनाया है
तुम्हारी धारा से ही सजाया है
अब अकड़ किसे दिखाऊं
ये जीवन है दो पल का
कुछ तो काम
प्रकृति पर कर जाऊं
जीवन के इस पल को
हसीन एक बनाऊं |

—बलकार सिंह 'संदेश' बडोडी, साम्बा (जम्मू एंड कश्मीर)

डॉक्टर सुशील 'भोला'

कविता

शहर अपना–भीड़ अपने शहर की ,
आ रहा कोई जा रहा धूल थमती नहीं है..
इस चला चली में कोई खो गया अगर,
अपने शहर के लोग क्या लाएंगे उसे ढूँढ़कर..
अपने घर में छुपे भी बड़ी मुश्किल से मिलते हैं,
बात शहर की है यहां खोए क्या वापस मिलते हैं..
खो रहे रिश्ते गुम हो रहा मोबाइल में बचपन,
जवानी में दगा दे रही दिल की धड़कन..
रात उसी तरह आज भी अंधेरा लिए आती है,
सपनों को छोड़कर नींद खुश हुई जाती है..
कभी लगता है गुम हुआ हूं अपनी तन्हाई में,
अस्तित्व ढूंढता हूं घटती बढ़ती परछाई में..
दस्तक दी थी कभी तुमने मेरे अरमानों को जगा कर,
खोए सपने थे मेरे ले आता कहीं से उन्हें ढूंढकर..
बात अपने शहर की है आने जाने से धूल बहुत उड़ रही,
मोहब्बत खो गई है यहां हर तमन्ना दम तोड रही.. ..

–सुशील कुमार 'भोला' जम्मू (जम्मू कश्मीर)

कविता

तरसी छांव पथिक की प्रतीक्षा में,
सूरज ढले थकी हारी प्यासी सो गईं.. ..

आंधियों का गणित कैसे समझे ,
मिट्टी धूल बन कण कण बिखर गईं.. ..

रात कितनी हसीन थी सपने तुम्हारे लिए,
सुबह आंख खुली जिंदगी सिमट गईं.. ..

बादलों का गुरुर बारिशों का तूफान लाया,
खिली खिली सी धूप इन्द्रधनुष लहरा गईं.. ..

चाहूं भी अगर कुछ फर्क नहीं पड़ता मुझे,
चाहतों की रुह प्यासी तेरी मुझे खामोश कर गई... ..

-सुशील कुमार 'भोला' जम्मू (जम्मू कश्मीर)

कविता

सपनों में आज दस्तक कौन दे गया..
सोई रातों में कौन चिराग नए जला गया..
सपनों में आज दस्तक कौन दे गया.. ..

हाथ जिसको चाहा था हमने थामना,
जिस से जिन्दगी के कुछ पल चाहे थे जोड़ना,
धुंधली होते चेहरे से कौन चेहरा बदल गया..

उसकी ठोकर के जख्म सम्भालते रहे,
नफरतों में प्यार के पल तलाशते रहे,
उजड़े चमन में कौन फूल नए खिला गया..

मोहब्बत कर कोई भूल नहीं की थी हमने,
कयामत तक साथ रहेंगे सवाल पूछे थे तुमने,
आज फिर उन्हीं सवालों से वास्ता पड गया.. ..

-सुशील कुमार 'भोला' जम्मू (जम्मू कश्मीर)

सीमा शर्मा जी (सिया)

वीरों का लहू

काली घनी रात है, तो सवेरा जरूर आएगा...
मेरे देश के वीरों का लहू, व्यर्थ नहीं जाएगा।
अभी आंख ही लगी थी, कि बेरहम दुश्मन आ गया,
सोते मेरे वीरों का, लहू वो बहा गया,
उस लहू की हर बूंद का, रंग जरूर आएगा..
मेरे देश के वीरों का लहू, व्यर्थ नहीं जाएगा।
शरीर से भले बो मिट गए, पर उनका जज्बा नहीं मिटा पाएगा...
अपने देश की रक्षा को, वो फिर से लौट के आएगा।
इस लहू के हर कतरे से, एक नया वीर जन्म पाएगा...
बही हौंसला, बही इरादे, वो साथ लेकर आयेगा।
काली घनी रात है, तो सवेरा जरूर आएगा...
मेरे देश के वीरों का लहू, व्यर्थ नहीं जाएगा।
शत—शत नमन उन वीरों को, जो देश की रक्षा करते हैं,
रिश्ते नाते सब भूल , धरती मां की सेवा करते हैं,
त्याग भरी इस तपस्या का, बो वरदान जरूर पाएगा...
मेरे देश के वीरों का लहू , व्यर्थ नहीं जाएगा।
काली घनी रात है तो सवेरा जरूर आएगा,
मेरे देश के वीरों का लहू व्यर्थ नहीं जाएगा।

-सीमा शर्मा 'सिया' अखनूर (जम्मू कश्मीर)

हम ने भी चलना सीख लिया

गिरते थे, फिर उठते थे,
उठकर फिर हम चलते थे...
यूं गिरकर उठकर चलने में,
हमने संभलना सीख लिया
हां, हमने भी चलना सीख लिया।

इक पग चलना ना आता था,
चलते जी घबराता था.......
हिम्मत की उंगली थाम – थाम के,
आगे बढ़ना सीख लिया
हां, हमने भी चलना सीख लिया।

हर कदम पे लड़खड़ाते थे,
सब जगह ठोकर खाते थे...
विश्वास की ओढ़नी ओड– ओड,
हर हाल में बढ़ना सीख लिया
हां, हमने भी चलना सीख लिया।

–सीमा शर्मा 'सिया' अखनूर (जम्मू कश्मीर)

वो बचपन मेरा भोला

पुराने पड़े कुछ पन्नों को,
जब आज मैंने टटोला......
भूली बिसरी उन यादों ने फिर दरवाजा खोला ।
कुछ ने दिल पर दस्तक दी,
तो कुछ ने ताला खोला.....
आज फिर से याद आया वो बचपन मेरा भोला।
झुके हुए कुछ कंधे ,
और वो भारी-भरकम बस्ता.....
छोटे छोटे कदम,
और वो इतना लंबा रास्ता.....
नन्हे से उस बचपन में तो,
कुछ भी नहीं था सस्ता......
एक आम के पीछे अक्सर,
सौ कामों में फंसता.....
धूप से झुलसी कुछ गलियां ,
और वो कच्चे आमों का झोला .....
आज फिर से याद आया वो बचपन मेरा भोला ।।
नादान बचपन अच्छा बुरा ,
न कुछ था समझ पाता ...
खुशी हो या गम हो ,
था दोनों में मुस्कुराता...
धूप छांव की फिक्र छोड़,
था खूब मजे उड़ाता....
हल्की बारिश की बूंदों में भी,

जो भीग कर था आता .....
कागज की इक कश्ती,
और पीछे सौ बच्चों का रोला...
आज फिर से याद आया वो बचपन मेरा भोला।।
बचपन पीछे छोड़ छाड़ ,
कब आगे बड़ा अलबेला ....
जीवन की सीढ़ी चढ़ते चढ़ते,
अब रह गया अकेला.....
सूने पड़े इस कमरे में तब,
लगा यादों का मेला.....
हर पलटते पन्ने ने जब,
बचपन में इसे धकेला.....
खोई हंसी सब लोटी ,
आंखों ने आंसुओं का बांध है खोला...
आज फिर से याद आया वो बचपन मेरा भोला...
आज फिर से याद आया वो बचपन मेरा बोला ।।

—सीमा शर्मा 'सिया' अखनूर (जम्मू कश्मीर)

कल्पना गुप्ता/ रतन

ग़ज़ल

इश्क में पाई मैंने सजा रफ्ता रफ्ता
मुझे मिल गई हर दवा रफ्ता रफ्ता।

हुआ दीदार मुझे उसका मुश्किलों से
तआरुफ़ सनम से हुआ रफ्ता रफ्ता।

गमों की चली हर तरफ आंधियां
बचा पाया घर अपना जला रफ्ता रफ्ता।

बुलाया मुझे अपना समझ उसने घर में
दिए जख्म दिल मेरा जला रफ्ता रफ्ता।

सिखाया मुझे जीएं जिंदगी हम कैसे
अमन चैन दे हुए हवा रफ्ता रफ्ता।

सितम पे सितम वी रहे करते मुझ पर
जलाया मुझे हर घड़ी जला रफ्ता रफ्ता।

–कल्पना गुप्ता/ रतन,जम्मू (जम्मू कश्मीर)

मां की जात

नहीं कोई ऐसी कलम दवात
जो बता सके हमें मां की जात।
मां है धरती पर
ईश्वर द्वारा दी गई सौगात।
जो बिन शर्त बिन लालच
बिन स्वार्थ बिन ईष्र्या द्वेष
करती कार्य दिन रात
कोई तो बताए हमें मां की जात।

करती है जब वे बच्चे की गंदगी साफ
क्या कहलाएगी वह
आते जब बच्चे को उच्च शिक्षा
प्रधान करने के ख्यालात।
जब सामाजिक शिक्षा देती बच्चे को वह
कभी शूद्र कभी ब्राह्मण होने के कार्य करती वो
रात का हो अंधेरा या हो प्रभात।
कोई तो बताए मां की जात

अपनी इच्छाओं को घोंटकर
एक-एक पैसा जौड़कर
बच्चे के जीवन को देती वह मोड़
वेश्य के जैसे जब करती वह बात

बताओ होती कौन सी उसकी जात।

हर धर्म जात से होती उपर वह
देख चोट अपने बच्चे की
मंदिर मस्जिद गुरुद्वारा चर्च
हर स्थान जाके दुआएं मांगती वो
ईश्वर भी हो जाता उसके साथ
नहीं होती मां की कोई जात।

विपदा बच्चे पर उसके आ जाए अगर
खड़ी हो जाती सामने मुश्किलों के
मरियम दुर्गा का रूप धरकर
करके संहार दुष्टों का, दे मात।
बदल देती बच्चे के दिन रात।
क्षत्रिय कहलाती उसकी जात।
नहीं कोई होती मां की जात
समझा करो मां के जज्बात
अरे कोई बता दो होती कौन सी
        मां की जात।

-कल्पना गुप्ता/ रतन,जम्मू (जम्मू कश्मीर)

नारी शक्ति

नारी की शक्ति
पुरुष का पौरुष
मनु और स्मृति
बन किया दोनों ने
सृष्टि का संरचना ।
नारी शक्ति कुछ प्रश्न उठाते हुए ।
संगीत के सुरों की रागणी हूं
अपने पिया की अर्धांगिनी हूं
पृथ्वी बन जो उठाती है बोझ
वह शक्ति हूं
फिर भी क्यों सबकी
आंखों में खटकती हूं ?
क्यों समझते सब निर्बल मुझे
जिंदगी के हर दौर में संवारा तुझे
फिर क्यों समझा जाता
अबला मुझे ?
रीति रिवाज, संस्कार हूं
बढ़ाए जो शान, वो दीवार हूं
तोड़ न पाए जिसे, वो मीनार हूं
तेरी कविता का, मैं सार हूँ ।
इच्छा नहीं मैं बनू धनवान
डाला सिंदूर तेरे नाम का

करेंगे ता उम्र तेरा सम्मान
पर एक बात समझ मेरी
सह ना पाऊंगी मैं अपमान ।

-कल्पना गुप्ता/ रतन,जम्मू (जम्मू कश्मीर)

सुविचार

हृदय का संबंध न शास्त्रों से है न किसी धर्म से।हृदय का संबंध तो उत्सव से है, आनंद से है और परमात्मा से है।यदि आप स्नेह भरी दृष्टि से जगत को देखने लगें और आपका हृदय करुणा से भरा हुआ है, तो आपका पूरा जीवन ही एक प्रार्थना में रूपांतरित हो जाएगा। जिन आंखों में प्रेम है, उन्हें प्रकृति की हर चीज़ मेंप्रार्थना का आविर्भाव दिखाई देगा।उन्हें संसार के प्रत्येक पदार्थ में परमात्मा दिखाई देगा।

कुसुम शर्मा 'अंतरा'

ग़ज़ल

छिड़ी दास्तां ख़ास लम्हात की
हरेक शय ने तब तब तेरी बात की

जिसे मैंने चाहा वही न मिला
मुक़द्दर ने क्यों ऐसी हरक़ात की

उठा दर्द दिल में अचानक से क्यों
झड़ी लग गयी क्यों ख़्यालात की

हुई ज़िंदगानी जो मुझ से ख़फ़ा
तो मौसम ने भी जम के बरसात की

न हम कह सके कुछ न तुम ने कहा
बड़ी मुख़्तसर सी मुलाक़ात की

बयां मैंने तुमसे जो क़िस्सा किया
कहानी है वो मेरे हालात की

ख़िलाफ़-ए-तवक़्क़ो रहा माज़रा
समझ भी न आई वजूहात की

-कुसुम शर्मा 'अंतरा',उधमपुर.(जम्मू कश्मीर)

ग़ज़ल

मेरी ता'बीर के कुछ उलझे ख़यालों की तरह
रह गए तुम भी कहीं मुझ में सवालों की तरह

ज़हर हालात ने कितना ही पिलाया है मुझे
और ग़म कितना खिलाया है निवालों की तरह

तेरा मुँह मोड़ के जाना भी सुकूँ देता है
अब तेरे तंज भी लगते हैं विसालों की तरह

खो न जाऊं मैं अंधेरों के समंदर में कहीं
थोड़ा तुम मुझमें ठहर जाना उजालों की तरह

वक़्त ने देखा है नफ़रत की निशाहों से मुझे
अब मुहब्बत भी मुझे लगती है भालों की तरह

-कुसुम शर्मा 'अंतरा',उधमपुर.(जम्मू कश्मीर)

ग़ज़ल

ज़िन्दगी इज़्तिराब हो जैसे
दर्द की इक़ क़िताब हो जैसे

लौट पाया न वो गुज़र के कभी
मेरा बचपन भी ख़्वाब हो जैसे

जो छुपाता है अश्क़ आँखों में
उसका हँसना अज़ाब हो जैसे

ये समंदर की मौज ऐसी थी
तेरी आँखों का आब हो जैसे

तू महकने लगा है साँसों में
एक ताजा गुलाब हो जैसे

तुमको सोचा तो दिल की ऐसा लगा
सारा आलम शराब हो जैसे

तेरी ख़ामोश सा सवाल लगा
कोई चुभता जवाब हो जैसे

तेरा अहसास मुझको लगता है
कोई ओला ख़िताब हो जैसे

−कुसुम शर्मा 'अंतरा',उधमपुर. (जम्मू कश्मीर)

रानू कौल (कोमल रानू)

गीत

लबों पर हंसी फिर भी आंख नम है।
खुशियों का आलम दबा दबा गम है।

चाहतों से सझायी बगिया फूलों की।
तूफानों के साए में सब बरहम हैं।

कहते हैं वह है खेर खान हम तुम्हारे।
छाँव उनकी रेगिस्तान का आलम है।

ऐ हमसफर चल छोड़ दे यह घरोंधा।
जहां लालच है, फरेब है सितम है।

कहीं पेड़ों के झुरमुट में सुख की सांस ले।
सच है वफा है ईश कृपा में कोमल हम है।

—कोमल रानू, शांति पुरम, मुठी जम्मू (जम्मू एंड कश्मीर)

गीत

ज़िन्दगी क्यों झूलों में झुलाती हो।
कभी झटकों से कभी होले से हिलाती हो।

जब कभी चैन भर होती हूं मैं।
बेमुरवत झंझोड के जगाती हो।

नहीं आहें भरूं जब सोचती हूं।
बेचैन करके क्यों यूं रुलाती हो।

बैठूं सायों में तेरे पल भर।
जाने क्यों आतिशे चिनार हो जाती हो।

मैं तो मसरूफ थी अपने फंसाने में।
बेतकल्लुफ़ सी राग भैरवी गाती हो।

सींच ली मैंने पर पर कियारी फूलों की।
और तुम पतझड़ सी शाख हो जाती हो।

थक चुकी हूं दौडते दौडते मैं।
क्यों तुम बेकस सी कर जाती हो।

ऐ बेहया ज़िन्दगी कितने चेहरे हैं तेरे।
हर डगर पर एक नया रूप दिखाती हो।

से पर्दा हो रही हो तुम दिन ब दिन।
अब नहीं रास मुझे आती हो।

मैं लगा लूं गले अब मोती कोमल।
जाने क्यों ज़ार ज़ार रोते जाती हो।

–कोमल रानू, शांति पुरम, मुठी जम्मू (जम्मू एंड कश्मीर)

'प्यार' और 'सम्मान''दोनों ऐसे तोहफ़े हैं,
अगर आप देने लग जाओ तो बेजुबान भी झुक जाते हैं....!
व्यक्तित्व की भी अपनी वाणी होती है.
जो कलम या जीभ के प्रयोग के बिना भी,
लोगों के अंतर्मन को छू जात है..!!
एक 'इच्छा' कुछ नहीं बदलती,
एक 'निर्णय' कुछ-कुछ बदलता है,
लेकिन एक 'निश्चय' सब कुछ बदल देता है।

मोदी एक आस्था

प्रलय हाहाकार विस्थापन आतंकवाद
निराशा अंधेरा अनगिनत प्रश्न और यातनाएं
जलती चिता रोती आत्मा
कोई काले अंधेरे को चिरता
लहूलुहान लालचौक पर तिरंगा फहराया गया
कोई मुरझाते मन की आस्था जगाते गया
कौन था वह विरला
जो कहीं प्रश्न जगाते गया।
घना अंधेरा सूरज को उगने से रोक रहा है।
मेरे सृजन का हर सामान बिखरा है
सूरज उगेगा तो अवश्य परंतु कब
किस पर्वत की ओट में है
किस सागर की ओढनी ओढे
प्रलय की बेला तीव्र हो गई।
मन विचलित हो गया
गणे तम में एक आंधी से लड़ता दिया
एक शंखनाद
कमल दल खिलता हुआ
दूर मरुस्थल में उगता सूरज
सर्वनाम रथ पर सवार
मेरे मन के अंधेरे को मिटाता हुआ
वासुदेव कुटुम्बकम एवं सत्यमेव जयते का हर्ष नाद

मोदी एक आस्था
लेकिन अभी लड़ना होगा

और जलाने होंगे हज़ारों दीप
अंधेरा घना है अभी भी
बस हमें विजय उत्सव माना होगा
केवल मोदी एक आस्था
और इस आस्था का जन्म
उत्सव क्रांति की चरम सीमा तक पहुंचना होगा
हे भारत इस आस्था के दीप को जलाए रखना है अब
मिटाना है हर उस तम
को जो हमारे उजालों पर अटहास करता है।

–कोमल रानू, शांति पुरम, मुठी जम्मू (जम्मू एंड कश्मीर)

जन्म के रिश्ते, ईश्वर का प्रसाद जैसे हैं,
लेकिन खुद के बनाये रिश्ते आपकी पूंजी हैं
सहेज कर रखिये।

नीलू थापा

मन का सुकून

ख़्वाहिशों के साहिल पर
चलते-चलते
ख़ुद से बतियाता है मन मेरा
कभी रेत की चादर पर
लिखता है नाम 'मोहब्बत'
कभी आवारा हवाओं संग
अठखेलियां करता है
यह बावरा मन बिन डोर
उड़ता है फ़क़त आसमाँ छूने को,

उड़ते-उड़ते बहारों में
बिखरी फूलों की महक
आकर मेरे मन के आँगन में
मुझ में सुकून भर देती है
पर
जब कभी उमड़ आए
आँसुओं का सैलाब आँखों से
वो टूटने नहीं देता है मुझे

बल्कि भरता है मुझ में जज़्बा
उठ खड़े होने का ,
मेरे हौसलों की परवाज़

देख कर लगा दे
मेरी राह-ए-मंज़िल पे
ग़र कोई लाख पहरे
मिटा दे मेरे बढ़ते हौसलों को
मेरे लफ्ज़ मेरी कविताओं से
चाहे कितनी भी हो ख़लिश किसी के दिल में
लेकिन
 मेरी राहें ढूंढ ही लेती हैं
नफ़रतों के बाज़ार में भी मन का सुकून।

~नीलू थापा, उधमपुर (जम्मू एंड कश्मीर)

चार्ली चैपलिन ने कहा था -परेशान कौन नहीं हैं इस दुनिया में, दूसरे की थाली में बस घी ज्यादा दिखाई देता है, अगर एक टेबल पर सबको अपने दुख बदलने का विकल्प दिया जाए तो लोग चुपचाप अपने दुःख उठा कर चल देंगे।

-चार्ली चैपलिन

बीज चाहत के

मोहब्बत से सींच कर
दिल की नरम ज़मीं पे बोए थे
मैंने बीज चाहत के
दिन-रात रख कर
नज़रों के रु-ब-रु
बचाकर वक़्त के थपेड़ों से
हथेलियों की छाया में रखे थे
हुए अंकुरित जब
फूलों की सौगात लाए
महक से झूम उठा था
दिल का हर कोना
झूम- झूम कर
हवाओं ने भी
गुलाल बिखेर कर
बावरे मन को रंग लिया था,
पर ज़रा सी बदली क्या
मौसम की तासीर
हर ज़र्रा बिखर गया
मानों उगता हुआ
 सूरज अपनी कोमल
लालिमा खो गया
हर दिशा से पक्षियों
का गुंजन मौन हो गया

बसंत का यौवन
आँखों से ओझल हो गया
और ख़ामोश ख़िज़ाँ का आलम
ख़ामोशी से गुजरता हुआ
मुझ में ही घर कर गया ।

~नीलू थापा, उधमपुर (जम्मू एंड कश्मीर)

एक दूसरे पर तीन एहसान ज़रूर करें नफ़ा नहीं दे सकते
तो नुकसान न करो। खुश नहीं रह सकते
तो दुखी न करो। तारीफ़ नहीं कर
सकते तो बुराई न करो।

उजाला

ज़िंदगी के इतने
करीब हो कर भी
मेरे मन की किताब को
पढ़े बिना उसने कहा था
"क्या तुझे अंधेरे से मोहब्बत नहीं
क्या तुम नहीं जानती
जिन उजालों में आज तुम हो
उसे इन्हीं अँधेरी रातों ने नई पहचान दी
तुझे नई राह से रू-ब-रू करवाया",
मेरे मन में हलचल करते
 इन सवालों के जवाब
मुस्कुराते हुए मुझ से ही उलझ पड़े थे ,
और कह उठे
शायद दुनिया नहीं जान सकेगी
कि अँधेरों से गुज़र कर कैसे
 तुमने उजाले में एक मुकाम बनाया है
अंधेरों से उजालों की जानिब
 सफ़र के आग़ाज़ में
सँग तुम्हारे न कोई उड़ता जुगनू था
न चमकता हुआ कोई सितारा
सिर्फ़ तेरा हौसला और
तन्हा लंबा रास्ता था

फिर क्यों यह दुनिया
तुझ से पूछती है सबब उजालों का
क्या यह दुनिया भूल गई है
कि अँधेरी रातों में रह कर
नई उम्मीदों के सँग ख्वाहिशों का
नया सवेरा जरूर होता है ।

~नीलू थापा, उधमपुर (जम्मू एंड कश्मीर)

"अपने घर के भोजन का स्वाद हर किसी को अच्छा लगता है। किसी कारणवश यदि घर से कुछ समय बाहर रहना पड़े तो घर का खाना याद आने लगता है।बाहर की दुनिया में सैकड़ों तरह का स्वादिष्ट भोजन खाने को मिले ; तब भी घर के बने भोजन का, उसके स्वाद का कोई विकल्प नहीं है। इसका कारण यह है कि घर में बनने वाले भोजन में प्यार, स्नेह और ममता की संवेदना घुली-मिली होती है।"

नीलम वर्मा

सिक्के बचपन के

बेशक ,
बालों में चांदी कहीं –कहीं
चमकने लगी है
उम्र की सिलवटें माथे पर
और तजुर्बें की झुर्रियां
चेहरे पे दिखने लगी है ।
बेशक ,
कान के बहरेपन की सीमा पर
पांव रख दिया है
बत्तीस जो पहले हथौड़ा थी
अब बेबस लाचार
हो चुकी है
बेशक,
आंखें अब धुंधला गई हैं
बिन बरसात बरसती रहती हैं
कांधे जो उठाते थे जिम्मेदारी का बोझ
अब ढीले पड़ चुके है
बेशक,
टांगें जो झुकती नहीं थी
हमेशा अकड़ी रहती थी
अब ढूंढती हैं सहारा
किसी अपने की लाठी का

बेशक,
बल की पूंजी आहिस्ता-आहिस्ता
खत्म हो रही है
पर
दिल की तिजोरी में
अभी भी बचपन के सिक्के
सम्भाल के रखे हैं मैंने
जब जी चाहे
खेल लेती हूं उन से
बेशक,ख्यालों में ही सही
बेशक,ख्यालों में ही सही ।।

-नीलम वर्मा, टॉप पलौड़ा, (जम्मू एंड कश्मीर)

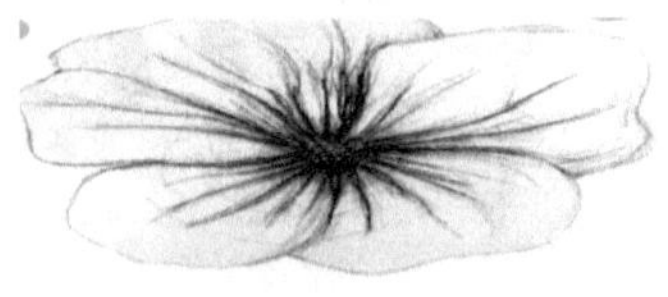

टूटे न कोई और सितारा , दुआ करें.....
बिछड़े न कोई हमसे , दुआ करें.....
तूफ़ान है तेज़, कस्तियाँ सबकी भंवर में हैं....
सबको मिले किनारा , दुआ करें....

-बी के शिवानी

तुम कहां मैं कहां

तुम ज्ञान का समुंदर
जिसमें हजारों अनमोल खजाना
फिर भी शांत ठहरा हुआ
और
इक मैं
अ–ज्ञानी नदियां
थोड़े से ज्ञान से भी
छलक जाती हूं
बहा देती हूं अपना घमंड
अपना गरूर
तुम कहाँ मैं कहाँ –२
तुम हो दीपक मिटाते हो अंधेरा
कर देते हो रोशन
अपने विचारों सैं
पर
मैं हूँ आंधी
बुझा देती हूं
अपनी नकारात्मक सोच से
भर देती हूं धूल
तुम कहाँ मैं कहाँ–२
एक तुम हो कि
बताए बगैर ही पढ़ लेते हो

मेरे मन भाव के मोतियों को
और
पिरो लेते हो प्यार की डोरी मैं
और
इक मैं हूँ
नटखट बातुनी जो कभी
समझ ही नहीं पाई
तुम्हारे प्यार को
तुम्हारे एहसास को
तुम कहां मैं कहां ।
तुम कहां मैं कहां

—नीलम वर्मा, टॉप पलौड़ा, (जम्मू एंड कश्मीर)

सच

सुनो,
सच कड़वा होता है
पर
फिर भी
माथे पर क्रोध की
सिलवटें नहीं
बल्कि,
हंसते हुए चेहरे पर
खुशी के डिंपल पड़ते हैं
और हां
मुझे चेहरे की सुन्दरता नहीं
मन की सुन्दरता का खिला हुआ
फूल अच्छा लगता है
जिसकी खुशबू मन मोह लेती है
और हां सुनो
मैं पगली हूं
सीधी हूँ
ना समझ हूँ

−नीलम वर्मा, टॉप पलौड़ा, (जम्मू एंड कश्मीर)

नीलम कुमारी

गीत

चांद तुम्हें देख कर मुझे
चाँद मेरा याद आता है
तून घटता बढ़ता है जैसे
खेलती हैं उसकी यादें भी ऐसे
 कभी भूल जाती है
तू सबका है जैसे वैसे वो भी मेरा नहीं है
फर्क बस इतना है
तू रोज़ नज़र आता है
और वो कम्बख़्त कभी कभी

—नीलम कुमारी, जम्मू (जम्मू एंड कश्मीर)

रिश्ते बनाओ तो ऐसे बनाओ की ना उन्हें झूठ बोलने की ज़रुरत
पड़े ना तुम्हें सच जानने की.....

—जनक भारद्वाज

गीत

इस फागुन में
रंगों की बहार में
फूलों के खिलने पर
खुशबू के महकने पर
ठंडी ठंडी हवा में
सुबह सुबह हरी घास पर
हाथों में लेकर तेरा हाथ
मुझे साथ चलने में
तेरी क़सम बहुत सकूं मिलता है।

–नीलम कुमारी, जम्मू (जम्मू एंड कश्मीर)

कुछ लोग अकेले प्रविष्ट हो जाते हैं। कुछ को सहारा चाहिए।
जिनको सहारा चाहिए वह भी प्रवेश तो अकेले ही करते हैं।
सहारा द्वार तक का है। गुरु आपको पानी तक ले जाता है
फिर कहता है डूब जाओ जो डरा वह मरा जो कूद गया और
डूब गया वह अमृत हो गया।

एम. एस. कामरा

ग़ज़ल

नयनों में गंगा बन उतरे, मेघ जले अरमानों के !
फूल बने अंगारे दहके, प्रेम भरी मुस्कानों के !!

अपनों ने ठुकराया पल-पल, बेगाना अहसास दिया !
और सहारे पाए हमने, अनदेखे अनजानों से !!

निगल न जाए उगते सूरज, आंधी घोर अंधेरों की !
जिधर नजर जाए बैठे हैं, टीले कुछ शैतानों के !!

तोड़ हमारे मन-मंदिर को, पाया क्या तुमने बोलो !
झील सरीखे दर्पण थे कुछ वास खास मेहमानों के !!

डोल गई जब भी मन-नैय्या याद किया उसको मैंने !!
बुत्त सजाए अजब-निराले हैं जिसने इंसानों के !

दीपक आशा के बुझने न, दें दुख के तूफानों में !
पंख-कटे अलबेले पंछी, ऊँची दूर उड़ानों के !!

आज 'कामरा' हमने देखा चीत्कार रावण करता !
पग-पग मिले दशानन उसको राम बने यजमानों के !!

—एम. एस. कामरा, रिहाड़ी, जम्मू

फूल सरीखी बेटी

अपने हाथों अपनी जड़ में, बन अज्ञानी विष मत घोलो
एक फूल सरीखी बेटी को, बेटों से कमतर मत तोलो

मैं मंगल कोख परख आई, बेटी भारत माँ की जाई
नभ–जल–थल थर–थर कांप उठे, चंडी बन लूं जब अंगड़ाई
मैं सकल सबल शिव की जननी, मत भूले से अबला बोलो
एक फूल सरीखी बेटी को...

क्या भूल गए झांसी रानी, रण निकली ले चोला धानी
दुश्मन को रौंदा चींटी–सा, बन काल लड़ी वह मर्दानी
वो मैं ही अमर कथा हूं तुम, पल भर इतिहास ज़रा खोलो
एक फूल सरीखी बेटी को...

माँ दुर्गा कर जिसको मानो फिर क्यों विष देने की ठानी
क्यों तुले हो मूल मिटाने को, सृष्टि का बीज ऐ नादानों
दो परिवारों के गहने को हरगिज़ मिट्टी में मत रोलो
एक फूल सरीखी बेटी को...

नादान बनो न जान–बूझ, आंखों की पट्टी सरकाओ
आकाश धरा के सृष्टि को मत खून के आंसू नहलाओ
है समय अभी तुम पाप सभी, नयनों की गंगा धो लो
एक फूल सरीखी बेटी को...

–एम. एस. कामरा, रिहाड़ी, जम्मू

ग़ज़ल

ज़िंदगी भर ज़िंदगी की आरज़ू करते रहे
रोज़ ही बुझते रहे और रोज़ ही जलते रहे

था सफर मुश्किल बड़ा पर हमसफ़र एक साथ था
रास्तों की आंधियों से साथ मिल लड़ते रहे

बिजलियों को बर्फ़ करने का हुनर हैं पा गए
ग़म के सहरा की तपिश में ख्वाब जो पलते रहे

मुफ़लिसी के दौर में भी बादशाह बन कर रहे
लाख रोका गर्दिशों ने हम मगर चलते रहे

पास ही था दूर जिसको था समझता 'कामरा'
फासले फिर भी हमारे दरमियां बढ़ते रहे

—एम. एस. कामरा, रिहाड़ी, जम्मू

राज ऋषि शर्मा

देखा ही नहीं

राहों में अगर मिल जाओ
तो मत कहना
कि हमने तुम को देखा ही नहीं.
हम समझ जाएंगे.
कनखियों से देख लेना
फिर ठंडी आहें भर लेना.
और मुँह फेर लेना
कुछ कहने की ज़रूरत नहीं
हम समझ जाएंगे
बेशक. प्यार से खत लिखना
फिर उसे फाड़ देना
चेहरा कागज़ पर रख देना
और सोच में डूब जाना.
कुछ कहने की कोई ज़रूरत नहीं
हम समझ जाएंगे.
दर्द भरे गाने सुनना
अश्क़ आँखों में भर लेना
तस्वीर हमारी चूम लेना
फिर बिलख जाना
और यादों में डूब जाना
कुछ कहने की ज़रूरत नहीं
हम समझ जाएंगे.

-राज ऋषि शर्मा, जम्मू (जम्मू कश्मीर)

जी चाहता है

धूल भरी चादर में फिर सिमट जाने को जी चाहता है
किसी अंधेरे कोने में छुप कर रोने को जी चाहता है।

खो गए जीवन में कभी जो हसरत भरी उन राहों पर
आज फिर एक बार वहीं चले जाने को जी चाहता है।

क्यों मिल गए थे तुम आज फिर यूँ ही राह चलते हमें
हमारा तो कब से तुम्हें भूल जाने को जी चाहता है।

कब से मर मर कर ही तो जीते चले आ रहे थे हम भी
आज तुम से मिलकर फिर मर जाने को जी चाहता है।

मिट न सकेगी यह हसरत मर जाने के बाद भी 'राज'
हमारा तो तुम्हें पा कर फिर जी जाने को जी चाहता है।

−राज ऋषि शर्मा, जम्मू (जम्मू कश्मीर)

चाहत अधूरी

दिल में बस जाओ मेरा ख्याल बन कर
तो फिर रोज की मुलाकात जरूरी नहीं

एक बार लग जाओ सीने से लिपट कर
फिर हर बार तुम शर्माते जरूरी नहीं

प्यार तुम्हारा मिल जाए कुछ पल सही
आयु भर का साथ निभाओ जरूरी नहीं

झूठा ही करलो प्यार हमें सच्चा न सही
हम सब समझ ही जाएँ ये जरूरी नहीं

आज जब आ ही गए हम तुम से मिलने
तुम भी आ ही जाओगे यह जरूरी नहीं

'राज' तुम्हारे प्यार की इन सब बातों को
हर कोई समझ ही जाए यह जरूरी नहीं

-राज ऋषि शर्मा, जम्मू (जम्मू कश्मीर)

रचना विनोद

सुख की चाह

यह कैसा चौदह-चौदह बरस का हिसाब
जो हर पल राम-राज्य का सुख भोगना चाहे।
यह नटखट कान्हा कैसा रूप धरे
जो लक्ष्मण रूप में
कभी दुर्वासा का क्रोध बने
तो कभी
दरवेश की तरह धीर गम्भीर
हर पल
राम-सीता के बिछोह में
उनके सांस-प्राण हो जाए।
जब-जब मानवरूप ले
तब-तब आंचल में छुप
कभी यशोदा का लाडला बने
तो कभी
सीता का लक्ष्मण-आंचल बने।
एक ही जनम में
सभी रूप धर
आधुनिक युग का अभिमन्यु बन
हर बाज़ी जीतता जाए।
यह कैसा चौदह-चौदह बरस का हिसाब
जो हर पल
रामराज्य का सुख भोगना चाहे।

—रचना विनोद, गांधी नगर जम्मू (जम्मू कश्मीर)

प्रतीकात्मक प्रतिबंध

वो एक आस
जगाती–बुझाती जन्म–जन्मांतर प्यास
वो एक विश्वास
करता करवाता निरंतर अभ्यास।

वो एक बंधन
बान्धता टूटा बैरागी मन
वो एक सम्बन्ध
प्रतीकात्मक बन्द प्रतिबंध।

वो एक विभाजन
दर्द भरी विसंगतियों का समागम
वो एक दीवानापन
अपनाता सहेजता अपनापन।

वो एक हिमखण्ड
खण्ड–खण्ड ख़ामोश खनन
वो एक समर्पण
सम्पूर्णता लिए अर्पण।

—रचना विनोद, गांधी नगर जम्मू (जम्मू कश्मीर)

वर्तमान लव-कुश

वाल्मीकि आश्रम में
रामायण वांचती सीता से
राम-सीता के लाडले लव-कुश
लक्ष्मण का उग्र रूप धर
राम-कथा सुनने से करें इंकार।

अश्रु भीगे नयन लिए
पलकें तेरी बोझिल क्यों
हर पल रामकथा वाचती
तुमसे राम गाथा सुनें ही क्यों?
बलिदानी तो दशरथ
कैकई मोह से हो विमुक्त
पुत्र वियोग में दिए प्राण त्याग
राम तो चौदह वर्ष वनवास भुगत
राजपाट लिया सम्भाल।
कैसी मर्यादा और मर्यादा पुरुषोत्तम?
आदर्श भाई तो भए भरत
भाई प्रेम में हुए भाई वियोगी
मिले राज का कर सुख त्याग।
हम भी रहे तुम संग वन
ऐसे ही तो होते वन
क्या नहीं ऐसा वो वन
जहां हुआ राम-सीता-लक्ष्मण वनवास?

हमें तो कोई कष्ट भए
न ही कोई तप तपे
हमारे साथी यह वन्य प्राणी
इन संग खेल करें मनमानी।
ए वनदेवी!
किस सुख त्याग की करे बात
काहे भजे राम भजन और वांचे रामपाठ!
बता न! बता न!
नजर उठा खुशी खुशी
तू मुझे देख मुझे निहार!

लक्ष्मण का उग्र रूप धरे
लव-कुश में देख छवि
मर्यादा पुरुषोत्तम भगवान की
पिता के प्रतिरूप
वैसी लिए छवि तेजस्वी
मर्यादा पुरुषोत्तम सा तेज पा
हर्षाए और घबराए
रामायण बांचती वनदेवी मनुहार कर
उन्हें मनाए
जवाबदेही साहस जुटा।

मर्यादा पुरुषोत्तम
दशरथ-कैकेयी के वचन निभाते
हुए वनवासी
किया राज्य त्याग।

ऐसा आदर्श भाई
जिसकी महिमा सारे जग गई
सीता लक्ष्मण संग-संग लिए
वन-वन भटके
प्रजा दुःख भोगे
निज भोग त्याग।

-रचना विनोद, गांधी नगर जम्मू (जम्मू कश्मीर)

मुश्किल कोई आ जाए तो डरने से क्या होगा.....

जीने की तरकीब निकालो मरने से क्या होगा.......

-रविंदर सिंह

रामपाल डोगरा (पाली)

जाम और पैमाना

मय,मयकदा,साकी,जाम
और पैमाना
खत्म हुआ अब दौर वो दौर
था पुराना
याद है संग यारों के वो रोज़ अलग रंग जमाना
लड़कपन के किस्से पीकर ज़ोर ज़ोर
से सुनाना
बहस मुबाहिसा करते झगड़े में उलझ जाना
नशे में झूमते हुए महबूबा का
फोटो दिखाना
याद है हमको लोगों को फटकार
लगाना
मर्जी से पैसे निकाल कर जेब से
लहराना
नवाबी अंदाज में दोस्तों पर
धौंस जमाना
देर से घर वापस लौट के आना
बड़बड़ाते बड़बड़ाते, मदहोशी में
सो जाना
खत्म हुआ अब दौर वो दौर था पुराना

-रामपाल डोगरा, सांबा मगढ़ (जम्मू कश्मीर)

शहीद

देश के वीर शहीद तुमको है नमन
किसने पहनाया है तुम्हे यह कफ़न

शहादत न बेकार हम अब जाने देंगे
बदला इस खूंन का हम जरूर लेंगें

दुश्मन को अब चुन चुन कर मारेंगे
बदला तुम्हारा गिन गिन के उतारेंगे

ललकारने की हिमाकत की है जिसने
लड़वाने की सियासत की है किसी ने
कर डालेगें हम अब उसको दफन
देश के वीर शहीदों है तुमको नमन

लहु के कतरे को तिरंगे की शान बना देंगे
दुश्मन की हस्ती मिलकर हम मिटा देंगे
अब नहीं सहेंगे हम किसी का भी दमन
देश के वीर शहीदों है तुमको नमन

याद रखो क्रांति वीरों ने आजादी की मशाल जलाई थी
फिरंगियों के खिलाफ एकजुटता जब दिखाई थी
आपस में मिलकर बचाएं भारत में अमन
देश के वीर शहीदों है तुमको नमन

–रामपाल डोगरा, सांबा मगढ़ (जम्मू कश्मीर)

मुहब्बत का फ़साना

मुहब्बत का फ़साना हमें रास ना आया
देके दिल किसी को मन का सुख चैन गंवाया
झपकते ही पलक उनसे आंखें दो चार हो गईं
जल उठी शमा उल्फत की पर आंधी से टकरा गईं
बुझ गई शमा सारे अरमां दिल के बिखर गए
जा रहे थे जिन रास्तों वो रास्ते बदल गए
दिल में रह गई हसरत ख्वाबों का महल ढह गया
एक हंसता चेहरा इक बुत बनकर रह गया
मिलता नहीं किनारा नैया मझधार में डोल चुकी
लगता है यह झूठी थी मोहब्बत साथ जो छोड़ चुकी
सलामत रहो हमेशा तुम जहां कहीं भी रहो
इस भूल को जिंदगी की हसीन घड़ी कहो
याद रहेगा मरते दम तक हमें यह नज़राना
तुम इस वक्त की मार या हकीकत ही कहो।

–रामपाल डोगरा, सांबा मगढ़ (जम्मू कश्मीर)

राम केश 'वर्मा'

नव वर्ष

नव वर्ष की आप सबको हो हार्दिक बधाई
इस वर्ष हम अच्छा करेंगे सोचते यही है भाई
बीते वर्ष के आगमन में भी कसम यही थी खाई
अच्छाई को अपनायेंगे छोड़ कर हम बुराई
सच्चे मन से सोचो क्या वो कसम है हमने निभाई
सच क्या है हम सब जाने पर किसी ने न हिम्मत दिखाई
चलो कसम खाते हैं आज मिलकर हम सब भाई
उतार के इस वर्ष झूठ का झोला पहने सब सच्चाई
कोरोना अभी हारा नही है यारी है उससे लड़ाई
मास्क पहनो, दूरी बनाओ,मत बरतो ढिलाई
भ्रष्टाचार को खत्म कर करनी है भरपाई
तभी हमारा प्यारा तिरंगा छुएगा नई ऊंचाई

-राम केश 'वर्मा' संगानी, अखनूर (जम्मू एंड कश्मीर)

गजल

आज कुछ है और कल कुछ है जरूरत आदमी की
क्यों बिगड़ती जा रही है आज आदत आदमी की

झूठ के बाजार में नीलाम सच होने लगा है
बेहया होने लगी है क्यों शराफत आदमी की

देख कर इंसान की हालत बहुत गमगीन हूं मैं
दिन व दिन अब हो रही है कम सदाक़त आदमी की

बन गया उसका ही दुश्मन जिस जहां में जी रहा
कर रही है आज धरती खुद शिकायत आदमी की

छोड़ दी करना इबादत उस खुदा की आदमी ने
फिर भी मौला कर रहा है खुद हिफाजत आदमी की

—राम केश 'वर्मा' संगानी, अखनूर (जम्मू एंड कश्मीर)

नज़्म

बहुत खूबसूरत शहर था हमारा
कहां सो गया इस शहर का नज़ारा

हुआ क्या वहां कुछ हमें भी बताओ
ज़रा राज इस का हमें भी सुनाओ
बदल सा गया क्यों नगर ये हमारा
बहुत खूबसूरत शहर था हमारा
कहां सो गया इस शहर का नज़ारा

बहुत बार उसने मुझे था बताया
मैं नादान था कुछ समझ ही न पाया
समझ ना सका उस नजर का इशारा
बहुत खूबसूरत शहर था हमारा
कहां सो गया इस शहर का नज़ारा

ढली है अभी शाम शब बढ़ रही है
दिलों को मिलाने की जिद बढ़ रही है
अभी दूर है उस सहर का किनारा
बहुत खूबसूरत शहर था हमारा
कहां सो गया इस शहर का नज़ारा

नहीं शाद कोई जहां सब जदा हैं
बड़ी ही निराली खुदा की अदा है

मिला ना कभी इस शजर को सहारा
बहुत खूबसूरत शहर था हमारा
कहां सो गया इस शहर का नज़ारा

इजाज़त अगर हो इबादत कि मुझको
अभी मैं बता दूं सभी सच तुझको
खता माफ करना अगर हो गवारा
बहुत खूबसूरत शहर था हमारा
कहां सो गया इस शहर का नज़ारा

-राम केश 'वर्मा' संगानी, अखनूर (जम्मू एंड कश्मीर)

ज़िंदगी भी एक अनजान किता जैसी है
अगले पैन पर क्या लिखा है
किसी को नहीं पता नहीं

-विद्या भूषण

सुमीत सूदन

सुरमई शाम

खूबसूरत चांद
संग लिपटी चांदनी
जैसे मुद्दत बाद
महबूब से लिपटी कोई प्रेमिका..
मिलन की गवाही
थी ठंडी हवा,
शाम और रात के
बीच का पहर
जैसे सुकून की
कोई लहर,,
मुद्दत हुई थी
सुकून से मुलाकात किए
इसलिए निकल आई थी
छत पर,
सड़क पर सन्नाटा था
सुकून नहीं,
छत पर सुकून था
सन्नाटा नहीं,,
शीतलता थी,
रस था,
शांति थी,
समेट कर मैं
उतर आई थी

छत से,

और लिपट कर
चांद से
सो गई थी।।

-सुमीत सूदन, सुंदरबनी जम्मू (जम्मू कश्मीर)

तिरस्कार यदि बार-बार
अपनों से ही मिले तब शब्दों
का विवाद उचित नहीं
क्योंकि जो व्यक्ति आपके
महत्व को ही नहीं
समझा वो आपके शब्दों और
भावनाओं को
क्या समझेगा।

यह मौसम फिर कहाँ

सूरज से सरके रंग
हो चले बादलों के संग
नया रंग शायरी का उतरा पहाड़ों से,
और मेरी कविताओं संग झूल गया।
ऐसा होता है ना कभी कभी?
बरबस मुस्कुराने लगते हैं रंग
होने लगती है सुरमई शाम
मखमली रात।
मैं भी रुकी नहीं
बस लिख डाली एक कविता
हां अब ठीक है,
मन का गुबार
कागज पर उड़ेल दिया।
मन भी तो रंगीन है
रात ढलने तक दीए जलाता
गीत गाता, खूब जीता
कल की किसको खबर
कौन कहाँ
किस और निकल जाएगा कारवां
पारिजात फिर खिलाए गा कहाँ
नहीं रहता सदैव बसंत भी तो

नहीं खिलता दिल का मौसम भी तो।
नाजुक है रिश्तों की डोर
हम इस छोर, ये उस छोर
बस उन्हें समेटने की होड़ में ही
सूरज से सरके थे रंग
सतरंगी बादलों के संग
बांधे हूँ, समेटे हूँ
कि, बिखर ना जाएं यहां वहां
यह मौसम फिर कहाँ
यह मौसम फिर कहाँ।

-सुमीत सूदन, सुंदरबनी जम्मू (जम्मू कश्मीर)

जहां विश्वास होता है वही धोखा भी होता है। विश्वास की बिना धोखे के हो ही नहीं सकता। यह एक सच्चाई है।

-राज ऋषि शर्मा

सरमाया

कोई मल्टीविटामिन नहीं थे मेरे पास,
मेरे पास अंजीर थे, जामुन थे, सिंबलू थे
बाडी वाश भी नहीं लगाते थे हम,
हमारे पास चश्मे थे, बावलिया थी,
दरिया की कूलें थी।
जिन में नहा कर हम स्वच्छ होते थे-तन से भी,
मन से भी।
ऐ. सी. भी नहीं थे हमारे पास
हमारे पास पेड़ थे, जंगल थे, ठंडी हवा के झोंके थे।
अंधेरे से भी नहीं डरते थे हम,
हमारे पास जुगनू थे,
पाइन लाईटरस थे।
मोबाईल भी तो नहीं थे,
पर हम सुन लेते थे दिल की आवाज़।
हम कदमों की आहट पहचान लेते थे
"आज कोई आने वाला है।।

-सुमीत सूदन, सुंदरबनी जम्मू (जम्मू कश्मीर)

शम्भू राम 'प्यासा'

एक सवाल

क्यों, पता नहीं क्यों
अचानक बैठे-बैठे मुझे मन में
एक शंका सी हुई
गाँव की पूर्व दिशा में, वो पुराना टूटा हुआ कुआं
जहां पर गांव के खेलते थे बच्चे
अब ऐसे ही फैंक जाते हैं कुछ कंकर-कूड़ा
पर कुआं बचेरा चुपचाप
सब सहन करता जा रहा,
नहीं किसी को कुछ सुना रहा
अपने आप को बिखरता हुआ
त्राहि- त्राहि करता, सांस भर के
याद करके, वह पुराने बीते
दिन जब कभी धीमे-धीमे हंसती
सुन्दर औरतों की चूड़ियों की छन-छन
फिर आते- जाते प्यासे राहगीरों
को पिलाता था अपना ठंडा- शीतल नीर
न देखा निर्धन ना अमीर
पर आज इस के पास कोई आता नहीं
अपनी बीती सुनाता नहीं
अगर कोई आ भी जाए भूले -भटके
फेंक जाते हैं पत्थर, कूड़ा, टूटे मटके
इस का अस्तित्व खत्म करने के लिए
क्या मेरा- तुम्हारा और हम सब का

यही तो अन्त्य नहीं .
मैं पूछ रहा हूं अपने-आप से
एक सवाल...बस एक सवाल
बो पुरानी रीत लोगों की प्रीत
नई दुल्हन कुएं पर आ कर , नहा कर
शगुन मना कर सूर्य पूजना
रस्सी से गागर खींचना,
क्यारी को सींचना और मोहल्ले की औरतों
के मुंह से गीत अपने आप पानी की रफ्तार से चलना
धीरे- धीरे सम्भलना, लुप्त हो चुका सब
रह-रह कर उठता है मन में एक सवाल
बस एक सवाल मैं पूछ रहा हूँ
अपने- आप से बस एक सवाल.

—शम्भू राम 'प्यासा' बिश्राह (जम्मू कश्मीर)

अपेक्षा की अति भी आपके दुःख का कारण हो सकती है।
इसलिए किसी से अधिक की अपेक्षा मत कीजिये।

—राज ऋषि शर्मा

नारी

सिसकते हुए देखा मैंने
ठिठुरते हुए भी देखा मैंने
कितनी सुंदर कितनी प्यारी है .
क्योंकि वह सशक्त नारी है

चक्की में अपने को पीसती
गृहस्थी को बल से खींचती
काम में मगन रहती हर पल
इसलिये ये सब पर भारी है
क्यों कि ....

धैर्य की प्यारी है वह मूरत
दैवी शक्ति की सुंदर है सूरत
हर क्यारी को है सींचती
कभी नहीं किसी से हारी है
क्योंकि...

संसार अर्थहीन कभी हो
अर्थपूर्ण बनाती है उसको
ताने सुनती है हर किसी के
दशा इसकी जग जारी है
क्यों कि ...

मकान को सुंदर घर बनाती

अपनी व्यथा नहीं ये सुनाती
सुन्दर सपने सजाकर रखती
सब की वह आज्ञाकारी है
 क्योंकि...

संतान के हर दुख है जरती
लम्बी उम्र के व्रत सदा रखती
कष्ट सहन करती औरों के लिए
सब के मन की हितकारी
क्यों कि यह सशक्त नारी है.

–शम्भू राम' प्यासा' बिश्राह (जम्मू कश्मीर)

कुछ रिश्ते मन से बनते हैं कुछ
रिश्ते धन से और कुछ
मतलब से ; किन्तु मन से बने रिश्ते
ही सर्वश्रेष्ठ होते हैं।

–विजय भूषण

शुभचिन्तक

बदलते मौसम की तरह नेता लोग बदल जाते हैं
संकट के समय सब को
अकेला ही छोड़ जाते हैं
छोड़ो ज़िन्दगी में सब कुछ चलता है प्यारे
कहने में तो हमारे शुभचिंतक कहलाते हैं.
गर्व और नाज है उन पर भरोसा भी है हमें
पैसों की अंधी दौड़ में
कहां इन के पास है समय
मयखाने में मेहफिल सजती है रोज इन की मस्ती में
खोखले वादों से हमें लुभाते हैं .
कहने ......
महंगाई ने मारा इतना मारा चकनाचूर कर दिया
आदमी को आदमी से ही दूर बहुत दूर कर दिया
अकेले अकेले रहने पर सब को मजबूर कर दिया
ये दागी भी बेदाग ईजतदार पाक साफ बन जाते हैं .
कहने .....
शुभचिन्तक हुए अन्नदाता हो गए
भाग इन के चमके हमारे गहरी नींद सो गए
मिट्ठी मिट्ठी बातों में हम इन के हो गए
लोग भोली इन की सूरत पर सब लुटाते हैं
कहने में तो हमारे शुभचिंतक कहलाते हैं .

—शम्भू राम' प्यासा' बिश्राह (जम्मू कश्मीर)

गजल

मेरे होने ना होने से क्या फर्क पड़ता है
मैं जिऊँ या मरूं किसे फर्क पड़ता है

लोग आते मुस्कुराते हैं हम पर सभी
हमें ठोकर गहरी लगे क्या फर्क पड़ता है.

पल पल दिल को दुखी तूने किया
इस दुःख पर मैं रो लूं क्या फर्क पड़ता है

तू अमीर घमंडी खुशनसीब है बहुत
घमंड मेरा चकनाचूर हो क्या फर्क पड़ता है

तूफानों से नाव को लोग लाते हैं किनारे
"प्यासा" वहीं डूब जाये क्या फर्क पड़ता है .

–शम्भू राम' प्यासा' बिश्राह (जम्मू कश्मीर)

रश्मि गुप्ता

अंगदान

अंगदान है महादान
सिर्फ सगे संबंधी ही
कर सकते यह महान काम
कुछ स्वेच्छा से कर देते पर
कुछ डर से या स्वार्थ वश
नहीं ले पाते यह सम्मान
अंगदान है महादान

जीवन खुद से बड़ कर
अपनों के लिए अमूल्य है
जीवन दे कर जीना
ईश्वरीय तूल्य है
म्रत्यु तुल्य जिंदगी बचाने हेतु
करो अंगदान जो है आखिरी समाधान
अंगदान है महादान

मृत्यु की आगोश में
कितनो के अपने होते है
किस्मत वाले ही अंगदान से
अपनो को नही खोते है
हर किसी को नहीं मिलता
ऐसे योगदान से सम्मान

अंगदान है महादान

अंगदान से जीवन किसी एक
सदस्य को नहीं मिलता
इस से पूरे परिवार का
गुलशन है खिलता
अंगदान से बेजान गुलशन में
भर जाती है जान
अंगदान है महादान

जीते जी अंगदान किया तो
अपनो को न खो पाओ गे
मरणोप्रांत किया तो
मर कर भी जी जाओ गे
ईश्वरीय सेवा ही कर सकते
यह महान काम
अंगदान है महादान

यह है आत्मिक सुख और
अमरता का नाम
जिस से मिले
उम्र भर की खुशी और मुस्कान
अंगदान है महादान...महादान।

—रश्मि गुप्ता, पक्का डंगा, जम्मू, (जम्मू कश्मीर)

महामारी

कोई कहे प्राकृतिक आपदा
कोई कहे मानव निर्मित
छाई विश्व में एक महामारी है
विश्व जूझ रहा जिस संकट को
वो महामारी बड़ी भारी है

छुआछूत के तुम मुझे खिलाड़ी
जाति,देशों,धर्मों के नाम से
अब तक थे इस खेल को खेल रहे
अछूत बन अब बंद घर में
इस खेल को हो झेल रहे
चपेट में इस खेल के
आई दुनिया सारी है
मानव जूझ रहा........

प्रभू भी आजकल लॉक डाउन है
नसीहत यह दिलाने को
कह रहे हो मानो जैसे
घर में रहो सुरक्षा कवच अपनाने को
इस सुरक्षा कवच को पहनने की
दुनिया ने की पूरी तैयारी है
मानव जूझ रहा........

यह लॉक डाउन नहीं है आसान
अपनो से दूर रहने को
मजबूर है इन्सान
स्वस्थ नही रहे तो
कैसे जी पाओगे
जी नहीं पाए तो
क्या मिल कर भी मिल पाएंगे
अपनो से मिलने की
इतनी भी क्या है लाचारी
मानव जूझ रहा.......

माना रूक गई
जीवन की रफ्तार
थम सी गई है
विश्व की चाल
बंद पड़े है
ईश्वर के भी द्वार
पर आस और विश्वास से
विजय पथ पर चलने की
कोशिश अभी भी है जारी
मानव जूझ रहा.......

-रश्मि गुप्ता, पक्का डंगा, जम्मू, (जम्मू कश्मीर)

शरद पूर्णिमा

शरद पूर्णिमा की सुहानी रात
छत पर मेरे पिया जी का साथ

ठण्डी हवा के झोंके करे
मेरे केसूओं से छेड़छाड़
ला ला ला........
उलझी लटों को सुलझाए पिया
कर के शरारत उंगली के साथ
ला ला ला

शरद पूर्णिमा की......

चांदनी रात में
धड़कती खामोशियां
सुनाये अनुराग भरा राग
ला ला ला......
खोये हम दोनों
इक दूजे में
डाले हाथों में अपना हाथ
ला ला ला.....

शरद पूर्णिमा की......
कामदेव बन करे
घायल मुझ को

चला कर नैनो के तीखे वाण
ला ला ला.......
रति बन मैं भी
उमड़ती, सिमटती
जाऊ बाहों में
पिया जी की आज
ला ला ला......

शरद पूर्णिमा की सुहानी रात
छत पर मेरे पिया जी का साथ
ला ला ला.......

—रश्मि गुप्ता, पक्का डंगा, जम्मू, (जम्मू कश्मीर)

सुनीता

स्वाभिमानी हूँ मैं

अद्भुत हूँ, सबसे जुदा हूँ
मैं ख़ुद , ख़ुद में परिपूर्ण हूँ
क्यूँ न नाज़ ख़ुद पर करूँ
बेमिसाल शक्ति का रुप हूँ मैं
कभी हूँ छाया प्रेम की
कभी कड़कती धूप हूँ
बेचारी नहीं हूँ अबला नहीं मैं
मुझ में गौरी मुझमें काली
मैं उस ईश्वर का ही स्वरूप हूँ
कैसे न ख़ुद को स्वाभिमानी कहूँ मैं
कब डर कर कठिनाइयों से
मैंने हार मानी है
अब बिन लड़ें परिस्थितियों से
टेके हैं घुटने मैंने
हर समस्या, हर विपत्ति का
डट कर किया है सामना मैंने
उम्मीद सफलता की छोड़ी नहीं कभी
हौसले टूटने न दिये अपने कभी
सदैव तैयार हूँ हर त्याग को मैं
हर इम्तिहान के लिए
तत्पर हूँ मैं ख़ुद ही तो

ख़ुद के आत्मसम्मान के लिए
अपने स्वाभिमान के लिए
किया कभी कोई समझौता नहीं
अपने सम्मान के लिए
हर आंधी से टकराई हूं मैं
जीवन के तूफानों से कहाँ
कभी घबराए हूँ मैं
इसलिए डरती नहीं कहने से कभी
हाँ स्वाभिमानी हूँ मैं, ज़्यादा नहीं
पर थोड़ी सी अभिमानी हूँ मैं !!

-सुनीता कठुआ जम्मू (जम्मू कश्मीर)

बदल जाऊं कैसे

मैं वक़्त नहीं
निकल जाऊं कैसे
मैं मौसम नहीं
बदल जाऊं कैसे
मैं तो खुशबू हूँ
फितरत है हवा में
घुल जाने की
मैं धड़कन हूँ तेरे दिल की
मचल जाऊं कैसे
मौसम सुहाना उस
पर जुदाई का आलम
तुम ही कह दो के
बहल जाऊं कैसे
पल पल तेरी याद
सताती है मुझे
ऐसे में बता के
संभल जाऊं कैसे
ना तुम हो ना तुम्हारी
बाहों के घेरे
सर्द हैं हवाएँ मैं
पिघल जाऊं कैसे
मुझको बांधा है तुमने

चाहत से अपनी
एक अरमान हूँ मैं
तेरे दिल का
निकल जाऊं कैसे
मैं मौसम नहीं, बदल जाऊं कैसे!!!

-सुनीता कठुआ जम्मू (जम्मू कश्मीर)

रात

ये रात काली
गुज़र ही जाएगी
ये आंधी कहर की भी
थमेगी एक दिन
डर न जाना तूफ़ानों से तुम
घबरा न जाना कहीं
इन वक़्त के थपेड़ों से
सताएंगे, रुलाएंगे माना
ये अनचाहे से हालात
मगर भूल न जाना के
हर रात के बाद फिर
सुब्ह होगी
ये काली स्याह रात भी
बीत जाएगी बस
हौसलों का दामन
थामें रखना
थक हार जाओ चाहे जितना
हिम्मत कर चलते रहना
फिर इक नई सुब्ह होगी
बस इक दीप उम्मीद का
हमेशा जलाए रखना

-सुनीता कठुआ जम्मू (जम्मू कश्मीर)

शम्मा भलेसी (स्वर्ण कोतवाल)

गीत

वक्त की शाख पे शबाब आये
काश वो लौट माहताब आये

फिर कतारें हैं भींगी पलकों की
जब तसव्वुर में वो जनाब आये

जब भी कोशिश करुं मैं मिलने की
राह में रोड़ा ये चनाब आये

दिल में बेचैनियों का आलम है
"आज तुम याद बेहिसाब आये

या खुदा शब हो कोई ऐसी भी
नींदें उसकी ओ मेरा ख्वाब आये

लौट आये पुराने मौसम जब
दर्दो ग़म के ज्यूं घिर सहाब आये

घुट के मरना है अब तो तय या रब
याद आये लगे अज़ाब आये

—शम्मा भलैसी, डोडा,भलेसा (जम्मू कश्मीर)

गीत

ज़िन्दगी में तेरी बस कमी रह गयी
आरज़ू दिल की दिल में दबी रह गयी

चाहतें थी समुद्र से मिलते कभी
झील खामोश खुद में बही रह गयी

मैं भी नादान थी दिल भी नादान था
मिल के दोनों की बस सादगी रह गयी

चांद चुपके से बदली में छुपता रहा
रात भर जलती है चांदनी रह गयी

लम्स तेरे से महकी तसव्वुर में जो
सेज फूलों की सिसकी हुयी रह गयी

बेरुखी से तेरी खाक हम हो गये
जान बेजान सी खोखली रह गयी

–शम्मा भलैसाँ, डोडा, भलेसा (जम्मू कश्मीर)

गीत

चांदनी अब नजर नहीं आती
रात काली सहर नहीं आती

याद आते हैं बीते कुछ लम्हे
बीती रुत लौटकर नहीं आती

राहें अपनी अलग,अलग मंज़िल
जो मिलाये, डगर नहीं आती

खाब पलकों पे आके घुटते हैं
नींद अब रात भर नहीं आती

धुंधला सा है आईना दिल का
इसमें सूरत नज़र नहीं आती

लौट जाती है अब मेरे दर से
अब खुशी कोई घर नहीं आती

दिल में बेचैनियों का आलम हो
उसकी जब तक खबर नहीं आती

—शम्मा भलैसी, डोडा, भलेसा (जम्मू कश्मीर)

सुब्रत दे

मेरी प्रतीक्षा रिमझिम बनी

आज मेरी प्रतीक्षा रिमझिम बनी बरसात की
तुमसे मिलने को आकुल
अधखुले मेरे ये नैन,
जल भरे हो जाते हैं
देख यह लम्बी काली रैन ;
मेरी सिसकियों में आज बसी है कोई चातकी ;
आज मेरी प्रतीक्षा रिमझिम बनी बरसात की ।

उमड़ते-घुमड़ते बादलों में
बिजली कौंधती है बार बार ,
पलकें बिछाए बैठा हूँ
पर तुम नहीं आई इस बार ;
आहों में दूबकी कहानी है इस काली रात की
आज मेरी प्रतीक्षा रिमझिम बनी बरसात की ।

खोजा था तुमको दसों दिशाओं में
तुम इतने समय कहां रही ,
सुनना जरा मेरी व्यथा
कुछ कही कुछ अनकही ;
याद करता हूँ मेरी साँसों में छुपी तुम्हारी बात की ;
आज मेरी प्रतीक्षा रिमझिम बनी बरसात की ।
उदित वियोग का सितारा ।

कुछ देर पहले जहाँ थी प्यार की लाली,
रह गई वहाँ अब बस विभावरी काली ;
डूब गया जाने कब प्यार का वह उजला सूरज प्यारा ,
उदित मेरे आँगन में वियोग का सितारा ।

शून्यता ने जी भर शोर मचाया ,
कसक सारे मानो त्योहार मनाया ;
तुम्हारी दूरी नहीं सुहाता , चारों ओर है एकाकीपन भरा,
उदित मेरे आँगन में वियोग का सितारा ।

तुम्हारी कमी मिटे न मिटता दिनभर,
आँखों में नींद न आती कभी रातभर ;
अकेले में कई बार टूटा आँखों में दरिया का कगारा ,
उदित मेरे आँगन में वियोग का सितारा ।

मेरे लिए व्यर्थ है पूजा व अर्चन रे....

−सुब्रत दे, साखीपाड़ा, सम्बलपुर−उड़ीसा

कविता

मेरे लिए व्यर्थ है कोई पूजा व कोई अर्चन रे ;

एक सूना मन्दिर लिए खड़ा है तेरा प्रियतम रे ,

इस में अब नित नित होगा तेरा ही वन्दन रे ;

मेरे मन में तेरे लौट आने की नव आशा का उन्मीलन रे ,

तेरा नाम ले ले छलकता है प्रतिपल मेरा नैन रे ;

तेरा पल पल हतादर मेरे लिए सुगंधित चन्दन रे ,

तेरा नाम जपते नहीं थकता अधर और हृद-स्पन्दन रे ;

तुझसे बिछुड़ने का सोच उमड़ते दृग में जलकण रे ,

यह कैसा मेरा अद्भुत प्रेम और तेरा बन्धन रे ;

मेरे लिए व्यर्थ है कोई पूजा व कोई अर्चन रे ।

मेरा रोम रोम तेरे प्रेम में सदा

अर्पण रे ,

तू ही मेरी धरती और सारा गगन रे ;

तेरे बिना सूना सूना जगत का कण कण रे ,

तू नहीं तो रोता एकाकी मेरा यह बूढ़ा आँगन रे ;

तेरे प्यार में उन्माद हर पल मेरा तन-मन रे ,

तू मेरे उर में बसी फिर भी सदा आकुल ये नयन रे ;

तेरी प्रतीक्षा में बुझने चला यह प्यासा यौवन रे ,

बस तेरे लौटने की आस लगाए बैठा हूँ प्रशिक्षण रे ;

मेरे लिए व्यर्थ है कोई पूजा व कोई अर्चन रे ।

—सुब्रत दे, साखीपाड़ा, सम्बलपुर-उड़ीसा

क्या आज़ादी अभी भी अधुरी है ?

१५ अगस्त कहता है हमसे
भाई-भाई में क्या आज दूरी है,
एक दूजे के खून के प्यासे
कैसी अब यह मजबूरी है ;
क्या आज़ादी अभी भी अधुरी है ?

भ्रष्टाचार के पहियों तले
सढ़ती-गलती क्यों यह मशीनरी हैं ,
धन के नशे में धुत देश के
सभी बड़े-बड़े अधिकारी हैं ;
क्या आज़ादी अभी भी अधुरी है ?

आजादी के नाम डंका बजा
आज नंगी हमारी नारी हैं,
सदियों पुरानी संस्कृति की
कैसी यह विचित्र बीमारी है ;
क्या आज़ादी अभी भी अधुरी है ?

कहीं ससुराल में जलती बेटी
कहीं उसके सपने सिंदूरी हैं,
दहेज़ के ग्रास से त्रस्त समाज

कैसी जानलेवा यह महामारी है ;
क्या आज़ादी अभी भी अधुरी है ?
दर-दर भटकता नौजवान
न कहीं मिलती उसे नौकरी है ,
आज़ाद भारत वर्ष की आज
यह कैसी बेबसी और लाचारी है ;
क्या आज़ादी अभी भी अधुरी है ?

भेद की परिभाषा आज बदली है
लाल खून में परिवर्तन भारी है,
अनियंत्रित भूख से पीड़ित
क्यों आज यह सत्ता हमारी है ;
क्या आज़ादी अभी भी अधुरी है ?

इतने बरस गुजरे फिर भी
यह घिनौनी गरीबी अमीरी है,
खोखले वादों से हर बार
होती वोट की खरीदारी है ;
क्या आज़ादी अभी भी अधुरी है ?

-सुब्रत दे, साखीपाड़ा, सम्बलपुर-उड़ीसा

उमा बाली

करवा चौथ

सजूँगी सँवरूँगी
सज धज
सोलह सिंगार करूँगी !!
न रूठूँगी
न मनाऊँगी
न मिन्नतें बार बार करूँगी !!
करवा भी लाऊँगी
थाली भी सजाऊंगी
अन्न जल त्याग उपवास करूँगी !!
विघ्न न हो कोई
न परेशानियां
विघ्न विनाशक से
विनती बारम्बार करूँगी !!
देखूँगी चंदा में
तुम संग
अपना भी मुखड़ा
लम्बी उम्र की
दुआओं का विस्तार करूँगी !!
एक दूसरे के
पूरक हम तो
क्यों कंजूसी
तेरे संग
अपने से भी प्यार करूँगी !!
इस चौथ को साकार करूँगी !!

-उमा बाली, जम्मू (जम्मू कश्मीर)

कटु सत्य

हिन्दी हमारी राष्ट्रभाषा है
पर सम्मान दिवस
साल में एक बार
क्यों आता है??

बड़े गर्व से हम
हिन्दी भाषी कहलाते हैं
पर पैदा होते ही बच्चे को
हाय....हेलो
क्यों सिखाते है??

अपनी संस्कृति को बांधती
ये हम जानते हैं
फिर हिन्दी बोलने वाले को
हेय क्यों मानते हैं??

सच है कि सपने भी
हमें अपनी ही भाषा में
आते है!
पर आँख खुलते ही
हम अंग्रेजियत के
क्यों हो जाते है??

ये तो सभ्यता को जोड़ती
वो कड़ी है
जो हर घर के धूल भरे
कोने में पड़ी है !!

शब्दों का जाल नहीं
सत्य का आईना
दिखाना होगा!!
मातृभाषा के लिये
देश प्रेम को जगाना होगा!!

राष्ट्रीयता की सनक
गर हर दिल में आएगी
तो यकीनन
हिन्दी की बिन्दी
हर चेहरे पर
मुस्कुरायेगी

–उमा बाली, जम्मू (जम्मू कश्मीर)

कड़वा सत्य

वह जो क्षण प्रतिक्षण पास आ रही है
मौत है...
जो अकाट्य है
निश्चित है
और सत्य है।
वह जो हर पल खत्म होता जा रहा है
सफ़र है...जिंदगी का
जिसमें
खोखले आदर्श हैं
झूठे आडंबर है
इंसा को लपेटे
स्वार्थ के बवंडर हैं।
वह जो पल पल दूर होती जा रही है
ज़िंदगी है...
उजली अंधकारमयी
झूठी सुहदयी
और मोहमयी।
वह जो कम होती जा रही है
इनसानियत है...
जो कुचली जा रही है
उन कदमों तले
जो लिपटे है क्रूरता की
दलदल से।
वह जो कुचला जा रहा अविराम

मानव है...
जिसे जाना है सब
छोड़ कर
बंधनों को तोड़ कर
फिर क्यों ,ये आपाधापी है?
और आत्मा संतापी है।
क्यों नफ़रतो के घेरे हैं?
तेरे हैं और मेरे है।
क्या सूझ है क्या बूझ है?
ये पहेली तो अबूझ है॥

-उमा बाली, जम्मू (जम्मू कश्मीर)

केवल उन्ही के साथ मत रहे
जो आपको खुश रखते हैं
थोड़ा समय उनके साथ भी रहीं
जो आपको देखकर खुश होते हैं।

उदय राज वर्मा 'उदय'

प्रकृति की मार

खूब किया घमंड
प्रकृति के आगे
प्रकृति की जब मार पड़ी
सारी हेकड़ी भूल गए
राह सूझ नहीं रही
फिर भी दर्प में कमी न रही
लड़ाई झगड़ा लूटमार
प्रकृति की सुंदर रचना
से छेड़छाड़
चांद मंगल पर पहुंच गए
मानवता प्रकृति प्रेम भूल गए
जंगली जीवन जिया
और जंगल पर्वत भूल गए
नष्ट करने पर आतुर हो गए।
किए बहुत सारे धर्म कर्म
प्रकृति को भूल गए
उसकी सत्ता के चुनौती देने लगे
उसने चुनौती स्वीकार किया
एक ही इशारे में कंपा दिया।

−उदय राज वर्मा उदय, छिटेपुर अमेठी उत्तर प्रदेश

माफ करना प्रिये

मैं तेरी प्रशंसा के गीत
नहीं गा पाऊंगा
भूख से मरते लोगों को
नजरअंदाज नहीं कर पाऊंगा
तेरे गुलाबी गालों के बीच
हजारों किमी की पैदल नंगे पांव
सफर करने वाले मजदूरों को
भला कैसे भूल पाऊंगा
तेरे होठों के बारे में लिखूं
या पैदल चलने वाली
नौ माह की कोख लिए
पैदल चलने वाली महिला
की व्यथा लिखूं
तेरे भैया विदेश से
प्लेन से आए
पर हमारे गरीब मजदूर भाई....
उनका दर्द कैसे भूल जाऊं
प्रिये वो दूसरे कलमकार हैं
जो केवल अपनी प्रियतमा
का चारण गान करते हैं
बेशक मैं कलमकारों का
पिछलग्गू हूं पर ऐसे हालात में
मैं ये न कर पाऊंगा।

-उदय राज वर्मा उदय, छिटेपुर अमेठी उत्तर प्रदेश

चक्रव्यूह

थी नहीं औकात
जमाने की
हम से सीधे टकराने की
मिल कर दुश्मनों ने रचाया
ढोंग मोहब्बत का
प्यार के नाम पर विष पिलाया
चुपके से पीठ पर
छुरी चलाई धोखे से
जब यमराज साथ ले जाने से
किया इंकार
तो नजर चुराकर गए
खिसक चुपके से।

—उदय राज वर्मा उदय, छिटेपुर अमेठी उत्तर प्रदेश

वरुण' वीर'

मैं और मेरा कमरा

मैं और यह मेरा कमरा
मेरे सुख दुःख का साथी
यहाँ ज़िंदगी के हर रँग को
जिया है मैंने कभी चोरी चोरी
तो कभी चुपके चुपके
मेरे कमरे में मेरा एक तकिया
जिससे मेरा नाता जैसे
नींद और ख़्वाब का
अक़्सर सहता है मेरे साथ
वो खामोशियों से भरी बातें
और मेरे सूखे हुए अश्क़ों को
कभी कभी घुट सा जाता हूँ
इस कमरे में बन्द पड़ा
जब तुम्हारी यादें भी
रूठ जाती हैं मुझसे
जी में आता है चला जाऊँ
दूर कहीं इस कमरे और
इससे जुड़ी यादों से
निकल पड़ता हूँ बाहर उस दुनिया में
यहाँ सिवाय नफ़रत
और गंदगी के कुछ नहीं
घुटने लगता है मेरा दम

मैं लौट आता हूँ
फिर उसी कमरे में तुम्हारे पास
तब एहसास होता है

मेरे कमरे की घुटन कई गुना
बेहतर है ज़माने की घुटन से

—वरुण 'वीर', उधमपुर, (जम्मू कश्मीर)

मौन किसी मानव की कमजोरी
नहीं , उसका बड़प्पन होता है ,
वरना जिसको सहना आता है ,
उस को कहना भी आता है।

—बी के शिवानी

उम्मीदें

दुनिया में सबसे
ख़ूबसूरत होती हैं
ये न होती तो हर शय
यहाँ बेमज़ा सी लगने लगती
सोचो, धूप खिली है और
अचानक से बारिश हो जाए,
बादल छाए न हवा चले,
बारिश की फुहार, बस बरसती ही जाए
तो कितना अजीब लगेगा
रात के बाद कोई सुबह न हो
बस रात ही चलती जाए,
ज़िन्दगी जितनी भी है
गुज़रती जा रही है इन उम्मीदों के सहारे
जब यह पूरी हो जाएगी
तो वो बात न रहेगी
उम्मीदें मजबूत हैं और हसीन भी
इन्हें मौत नहीं आती
इनकी ख़ूबसूरती, कभी मरा नहीं करती
सुकूँ है , कि मेरे पास ढेर सारी
तेरे लौट आने की उम्मीद है
बेहद खूबसूरत और मजबूत उम्मीदें !

—वरुण 'वीर', उधमपुर, (जम्मू कश्मीर)

ग़ज़ल

ज़िंदगी दे रही है सज़ा फिर मुझे
लग गई है कोई बद्दुआ फिर मुझे

अपनी क़िस्मत में था रास्तों का ग़ुबार
ठोकरों में कहीं रख दिया फिर मुझे

दर्द कोई मेरा दिल दुखाता नहीं
ख़ुद में महसूस होने लगा फिर मुझे

उनकी यादों में उलझी थी यह ज़िंदगी
कर दिया चोट देके जुदा फिर मुझे

होंठ उसने कभी 'वीर' खोले नहीं
और लगता है कुछ तो कहा फिर मुझे

-वरुण 'वीर', उधमपुर, (जम्मू कश्मीर)

विश्वनाथ सिंह तोमर

आभार उन का

आभार उन का
जो आज हैं, ।
आभार उनका भी
जो दर्द महसूस करा कर चले गये।
क्यों थे वो?
आज तक समझ रहा हूं
क्या था उनका चरित्र
मेरे जीवन मे
कहीं समय व्यतीत करना तो नहीं।
खैर जो भी हो
पर इन के लिये क्या सोचू
जो आज है, ।
कहीं मौसम के साथ ये भी तो,
नहीं चले जायेंगे ?
और में उनके पीछे
शिकायतो की गठरी लेकर चलूं
अब बोझ उठाने की इच्छा नहीं।
सवाल है ,
ये अगर नही है अपने तो
कौनसा भेष है ये इनका
पर मै तो उन्हें मॉहसूस करता हूं
कहीं वाकई तो नहीं अपने
और मै उन्हे जाने दूं

कैसे पहचानूं
इनका होना भी तो जरुरी है..,
आज तक तो है भी
आभारी तो हूं इसका ।

-विश्वनाथ सिंह तोमर

किसी को बहस से जीतने के
बजाय मौन से पराजित करो,
क्यूंकि जी आपके साथ सदा बहस
करने के लिए तत्पर रहता है।
वो आपके मौन को
कभी भी सहन नहीं कर सकेगा।

-बी के शिवानी

सम्बन्ध

वो संबंध ही क्या जिसमे
हमे शब्दो की जरुरत पड़े
मूक और शब्दहीन ही
बेहद विशिष्ट रिश्ता होता है

मात्र चेहरे के भाव से ही
स्पष्ट होता है अपनत्व
कभी नही मिलता ये प्रयास से
ये तो बस कुदरती होता है

मांगा कुछ नहीं जाता इसमें
बस दिया ही दिया जाता है
इतने अलग भी नही होते
लगभग एक ही तो होते है
धन्यवाद इसमें कहां होता है

इसके होने से सम्पूर्ण होता है
महत्वहीन होते है अन्य विषय
अभूतपूर्व संयोग होता है

सांस ठीक से चलने के लिये
बेहद ही अहम होता है
ये सभी को प्राप्त नहीं होता है

-विश्वनाथ सिंह तोमर

बेदिली का आलम है

ख्वाइश बेजार है।
शिकायत गिला अब ना कोई इंतजार है।

मौसम इस कदर बिगड़ा है छांव में धूप है,
छोड़कर मेरे मुकाम को हर तरफ बहार है

बड़े तन्हा थे जब उनसे मेरी मुलाकात हुई
तिल भर जगह नहीं जहां भीड़ बेशुमार है

हम भी तो इस्तकबाल करते है उनका ही
वो जीते हर शै को तो अपना क्या हार है

खूब देख लिया ख्वाब फिर भी नींद कहां
उनके इन्तजार मै अब तो जागना बेकार है

—विश्वनाथ सिंह तोमर

यशपाल 'यश'

भजन

भगवान बसे हैं तेरे मन में
तू ढूंढे उसको वन वन में..

मंदिर में उसकी मूरत है
हर शह में उसकी सूरत है
वह तो है समाया कण कण में...
तू ढूंढे उसको वन वन में
भगवान बसे हैं तेरे मन में

ढूंढे से कभी वह मिलता नहीं
बिन पानी कमल कभी खिलता नहीं
तेरी सांसों में तेरी धड़कन में..
तू ढूंढे उसको वन वन में
भगवान बसे हैं तेरे मन में

मन की आंखों से देख जरा
तेरे सामने है वह कब से खड़ा
तू झांक ले मन के दर्पण में..
तू ढूंढे उसको वन वन में
भगवान बसे हैं तेरे मन में

−यशपाल 'यश' जानीपुर जम्मू, (जम्मू कश्मीर)

हरि हर बोल

हरि हर बोल
हरि नाम बड़ा अनमोल
हरि हर बोल हरि हर बोल
हरि नाम के जाप से दुख दूर होते हैं,
कपटी मन के मेले शीशे चूर होते हैं,
इस मन की तू अखियां खोल..
हरि हर बोल हरि हर बोल
हरि नाम से बढ़कर कोई दूजा नाम नहीं है,
हरि नाम से बढ़कर कोई पूजा धाम नहीं है,
हरि बोल कभी ना तू डोल..
हरि हर बोल हरि हर बोल
मीरा ने तो पहन रखी थी हरि नाम की माला,
ज़हर पी गई थी वह जोगन समझ के अमृत प्याला,
तू गोबिंद गोबिंद बोल..
हरि हर बोल हरि हर बोल
जब जब भीड़ पड़ी भक्तों पर हरि ने आन बचाया,
नरसिंह भगत की लाज बचाने श्यामला शाह बन आया,
दर्शन का नहीं कोई मोल..
हरि हर बोल हरि हर बोल

-यशपाल 'यश' जानीपुर जम्मू, (जम्मू कश्मीर)

देश भक्ति गीत

कितनी प्यारी धरती अपनी
प्यारा है अपना गगन
भारत मां की जय बुलाए
माटी का हर एक कण

कलकल बहती नदियों को हमने
मां का नाम दिया है
पूजा स्थल जो भी देखा
उसको प्रणाम किया है
जब जब संकट देश पर आया
बांदा है सर पर कफन
कितनी प्यारी धरती अपनी
प्यारा है अपना गगन

ऋषि मुनियों के तप की
महिमा सब लोग हैं गाते
भक्ति में विश्वास यहां
पत्थर भी हैं पूजे जाते
रंग–बिरंगे जाति धर्म के फूलों का उपवन
कितनी प्यारी धरती अपनी
प्यारा है अपना गगन

मथुरा हरिद्वार काशी जैसे

कितने हैं पावन स्थान
सब देशों से बढ़कर मेरा
भारत देश महान
पीर पैगंबर अवतारों का होता यहां आगमन
कितनी प्यारी धरती अपनी
प्यारा है अपना गगन

—यशपाल 'यश' जानीपुर जम्मू, (जम्मू कश्मीर)

ज़िंदगी में आप जो करना चाहते हैं, वो ज़रूर कीजिए।
ये मत सोचिये कि लोग क्या कहेंगे। क्योंकि लोग
तो तब भी कुछ कहते हैं,जब आप कुछ नहीं कहते।

—आचार्य ओशो

आओ
कुछ देर
सोच लें
Let's Think For A While
" राज ऋषि शर्मा "